可转债投资入门与实战指南

道氏 —— 著

民主与建设出版社
·北京·

© 民主与建设出版社，2022

图书在版编目（CIP）数据

可转债投资入门与实战指南 / 道氏著 . —北京：民主与建设出版社，2022.2
ISBN 978-7-5139-3751-1

Ⅰ. ①可… Ⅱ. ①道… Ⅲ. ①可转换债券 – 指南Ⅳ. ① F830.91-62

中国版本图书馆 CIP 数据核字 (2022) 第 033099 号

可转债投资入门与实战指南
KEZHUANZHAI TOUZI RUMEN YU SHIZHAN ZHINAN

著　　者	道　氏
责任编辑	廖晓莹
装帧设计	小徐书装
出版发行	民主与建设出版社有限责任公司
电　　话	（010）59417747　59419778
社　　址	北京市海淀区西三环中路 10 号望海楼 E 座 7 层
邮　　编	100142
印　　刷	北京昊鼎佳印刷科技有限公司
版　　次	2022 年 2 月第 1 版
印　　次	2022 年 3 月第 1 次印刷
开　　本	710mm×1000mm　1/16
印　　张	12
字　　数	162 千字
书　　号	ISBN 978-7-5139-3751-1
定　　价	38.00 元

注：如有印、装质量问题，请与出版社联系。

可转债,全称"可转换公司债券",即在约定的时间内,可转债持有人可以根据约定将可转债转换成对应公司股票的债券。

可转债有债券价值和转换价值。债券价值决定了可转债具有保底属性,而转换价值决定了可转债具有看涨期权。另外,可转债的转换期限、赎回条款、回售条款、下修条款、规模大小等因素共同决定了可转债的投资价值。这些都是投资者在选择标的的过程中需要特别关注的内容。

对投资者来说,股票风险过大,债券收益太低,而可转债具有"进可攻,退可守"的优势。它既有债券的安全属性,又有股票的高收益属性,是一种收益可观的投资产品。认真研究各种理财产品之后,你会发现,可转债可谓一股清流,它打破了"高收益与低风险不可兼得"的投资魔咒,做到了"风险低,收益高"。

随着越来越多的投资者开始关注可转债投资,近几年可转债投资呈现出越来越火爆的态势,为不少投资者带来了丰厚的回报。

可转债投资分为多种方式,比如众所周知的可转债打新、可转债抢权配售、下修博弈、强赎博弈等。每一种投资方式,只要运用得好,就能给投资者带来惊喜。不过,对缺乏投资经验的投资者而言,工具越多越容易亏损。这就要求投资者不断学习可转债知识，理论结合实践，不断用实战检验自己的水平。

为了帮助投资者对可转债有一个系统的认识，本书从可转债的基础知识讲起，逐步深入介绍可转债投资的各个方面，以帮助投资者建立自己的投资体系。

此外，本书不是仅仅帮助投资者追求高收益而忽略可转债的投资风险，而是不断强调可转债的投资风险，让投资者对可转债的风险有一个正确的认识。虽然可转债是非常好的投资标的，但并不意味着它没有风险，所以投资前切勿大意。投资者只有注重风险管理，才能在投资可转债的道路上走得更远，在复杂的市场中表现得更出色。

最后，希望通过对本书的学习，投资者能对可转债有一个系统的认识，能通过投资可转债增加财富。

第 1 章 稳扎马步好练功，了解可转债的基础知识

什么是可转债 02
可转债的基本要素 05
可转债的信用评级划分 12
下有保底，可转债的债性 14
上不封顶，可转债的股性 17
计算本息，对可转债有清楚的认识 19
实战案例 22

第 2 章 细究可转债重要条款，投资要胸有成竹

回售条款，遮风挡雨的保护伞 26
强赎条款，透明的天花板 29
下修条款，扭亏为盈的魔法棒 32
担保条款，可转债的定心丸 35
实战案例 38

第 3 章　吃透交易规则，摸清可转债的"脾气"

不同时段的报价规则 42
可转债实行 T+0 交易规则 46
临时停牌让投资人回归理性 48
可转债的转股规则 50
实战案例 53

第 4 章　可转债打新，低风险与高收益并存

可转债打新的三大优势 56
怎么开立证券账户 58
通过银证转账实现资金灵活调配 63
优质可转债的筛选 67
可转债的申购流程 70
查询可转债中签概率及中签结果 73
抢权配售做到 100% 中签率 76
预估开盘价及博弈首日最高价 79
实战案例 82

第 5 章　双低策略等风起，助力可转债"摊大饼"

可转债的四象限 86
组建一揽子标的组合 89

做好仓位管理是重中之重 91
通过止盈策略锁定收益 94
以双低轮动策略调仓换债 97
双低策略的缺点 100
实战案例 103

第 6 章　眼明心快看得远，可转债实用博弈策略

回售博弈策略，低于回售价考虑买入 106
强赎博弈策略，耐心持有等待强赎 109
下修博弈策略，找出下修意愿强烈的公司 112
转股博弈策略，持债转股带来的机会与风险 115
低溢价率策略，预留足够厚的安全垫 117
实战案例 119

第 7 章　心理因素决定收益率，内心波动才是劲敌

不要超出自己的能力圈 122
追涨杀跌套牢是必然 125
听到"鬼故事"要气定神闲 127
做T心理不适合可转债投资 131
抱着侥幸心理终会一场空 134
实战案例 136

第 8 章　专业人士帮你理财，省心又省力的可转债基金

揭开神秘面纱，认识可转债基金 140
可转债基金的优势 142
可转债基金的投资风险 144
投资方法很重要，可转债基金怎样买收益更大 147
实战案例 150

第 9 章　不做接盘侠，避开可转债的那些陷阱

不做高溢价率的接盘侠 154
痴迷于波段交易 157
小心误入无转股权限的可转债 159
价格越低，风险就越低吗 162
买与正股涨停对应的可转债风险很大 165
实战案例 167

附 录

上海证券交易所上市公司可转换公司债券发行
实施细则（2018 年修订） 170
深圳证券交易所可转换公司债券业务实施细则
（2018 年 12 月修订） 176

第1章

稳扎马步好练功，了解可转债的基础知识

投资首先要保证不能损失本金，其次才是追求更高收益，而可转债是一种"下有保底，上不封顶"的理财产品，只要方法得当，就能既不损失本金，又可获得丰厚的利润。了解可转债的基础知识，是投资可转债前的必要准备工作。

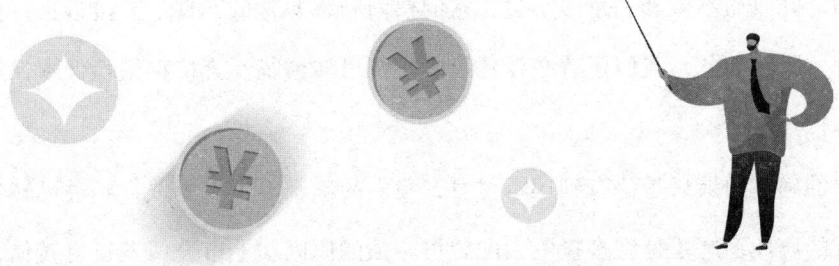

什么是可转债

可转债，又叫转债，它的全称是"可转换公司债券"。它是上市公司依法发行、在一定期间内依据约定的条件可以转换成股份的公司债券。通俗地说，可转债是可以转换成股票的债券。下面我们从三个方面来介绍可转债。

1. 上市公司为什么发行可转债

各家上市公司为了解决融资问题，往往会选择发行可转债。许多人不解："上市公司发行可转债难道仅仅是为了拓宽融资渠道吗？"当然不是，上市公司的目的是借钱不还。俗话说，"欠债还钱，天经地义"。借钱不还？这还了得！

原来，在可转债转股期内，如果持有人选择转股，那么可转债持有人也就变成了股东，上市公司自然不用偿还可转债的本金和利息了。虽然是借钱不还，但会影响上市公司的资本结构。通过这种方式，上市公司能以很低的成本实现从市场上融资的目的，以解决经营发展过程中的资金短缺问题，这就是上市公司发行可转债的原因。

2. 投资者为什么投资可转债

从本质上说，可转债是一种债券，投资人可以一直持有可转债，到最终退市，并收回本金和利息。不过，它的票面利率非常低，算下来接近银行存款利率。既然如此，我们还有必要冒风险投资可转债吗？直接存银行保本保息多省心！

的确，如果只是持有到还本付息，我们的确赚不了多少钱，不过可转债有期权的属性，这才是许多投资人配置可转债的原因。上市公司发行可转债，通过出售可转债的方式从市场上融资，给予投资人一张认购期权，投资人可以在约定的转股期内转股，从而分享上市公司发展带来的红利。另外，由于可转债有债权属性，可转债持有人还能选择通过让上市公司还本付息来获得利息收入。因此，越来越多的投资者加入可转债投资的大军。

3. 投资可转债比投资股票更具优势

我们已经知道可转债是上市公司发行的，每一只可转债的背后都对应着一家上市公司，即每一只可转债都与一家上市公司的股票相对应，我们称这只股票为"正股"。既然上市公司同时有股票和可转债两个投资产品可以交易，那我们为什么一定要买可转债，而不买股票呢？股票的收益难道不比可转债的更高吗？

要回答这个问题，我们先来看看股神巴菲特的投资理念。他在几十年的投资生涯中始终奉行一条铁律："第一，不要亏损；第二，永远记住第一点。"正是凭借这一铁律，他才成为股市的常青树。而股票的波动之大是人们所共知的，碰到爆雷股更是连续跌停，跑都跑不掉。我们都知道股票跌50%，要涨回100%才能回本，而大多数股票投资者遇到大的亏损，恐惧心理会导致他们意志不坚定，最后在犹疑中割肉离场，大概率无法回本，从而使亏损成为永远的亏损。

相比股票投资，可转债投资就显得安全多了。因为可转债具有债权属性，所以它有低风险的特点。每一只可转债都有它的纯债价值，当正股不断下跌，股民恐慌出逃时，对应可转债会越来越接近它的纯债价值，该可转债持续下跌的空间也就越来越小。有的投资者甚至会选择在这个时候进场购买可转债，等待正股反弹时，对应可转债会跟着上涨一波。

另外，可转债还有许多保护投资者的机制，比如回售机制、向下修正转股价机制、赎回机制。受这些机制的影响，投资可转债的安全性要远远高于股票。可转债以纯债价值为护盾，股票却没有什么盾牌挡着，孰优孰劣无须赘述。

问答小课堂

文中把投资可转债说得这么好,远远优于投资股票,那是不是说投资可转债肯定能保本,像银行存款一样安全呢?

当然不是,除银行存款在一定条件下可保本、保息外,任何宣称保本、保息的理财产品都不可轻信,可转债也是如此。虽然投资可转债比投资股票安全,但是也讲究一定的技巧,盲目投资不仅不能保证本息安全,甚至会蒙受比股票投资更大的损失。所以接下来一定要好好学习可转债的有关知识,不可漫不经心。

可转债的基本要素

从可转债的发行公告中，我们能找到的基本要素包括可转债简称与可转债代码、发行规模、票面金额和发行价格、债券期限、债券利率、还本付息的期限和方式、转股期限、初始转股价格、转股价格的调整方式及计算方式、转股价格向下修正条款、转股股数确定方式、赎回条款，以及回售条款等。下面我们对这些基本要素进行简要说明，帮助大家对可转债有一个基本的认识。

1. 可转债简称与可转债代码

以东方财富第三次发行的可转债为例，它的简称为"东财转3"，它的代码为"123111"。[①]

通俗地说，这里的"转债简称"类似于我们的姓名，而"转债代码"则类似于我们的身份证号码。不同公司发行的可转债不同，可转债简称也不同，这里不再赘述。下面我们详细说一下可转债代码。

在上海证券交易所发行上市的可转债称为"沪市可转债"，代码以"110"或"113"开头；在深圳证券交易所发行上市的可转债称为"深市可转债"，代码以"127"或"128"开头。至于"110"和"113"、"127"和"128"分别有什么区别，我们在这里就不展开介绍了，因为一般的投资人只需要清楚一只可转债是沪市可转债还是深市可转债就足够了。

---

① 本书中举例所使用各可转债公开信息，仅是为了帮助读者理解本书的相关内容，不存在任何商业目的；同时，本书对各可转债的分析与评价，仅是作者依据有限公开资料为说明分析方法所进行的简要判断与说明，并不能完全作为投资依据。

2. 发行规模

可转债募集资金总额即发行规模。我们以东财转3为例,它的发行公告中写道:"本次可转债发行总额为人民币158亿元,发行数量为158 000 000张。"

沪市可转债的计数单位为手;深市可转债的计数单位为张。具体面值为:

1手＝1000元(沪市)　1张＝100元(深市)　1手＝10张

3. 票面金额和发行价格

每张可转债的面值均为100元,因为可转债按照面值发行,所以每张可转债的发行价格同样为100元。

4. 债券期限

从可转债的历史数据来看,它的债券期限(从债券的计息日起到偿还本息日止的时间)一般为5年或6年。比如在东财转3的发行公告中明确写道:"本次发行的可转债期限为发行之日起6年,即自2021年4月7日至2027年4月6日。"

5. 债券利率

债券利率就是上市公司承诺的每年的利息。比如东财转3的发行公告中写道:"第一年0.2%、第二年0.3%、第三年0.4%、第四年0.8%、第五年1.8%、第六年2.0%。"

6. 还本付息的期限和方式

一般可转债采用每年付息一次的付息方式,到期归还本金和支付最后一年利息。比如东财转3的发行公告中写道:"本次可转债采用每年付息一次的付息方式,到期归还本金和支付最后一年利息。"

7. 转股期限

一般从可转债发行结束当日算起,6个月后方能转股,而从开始能够转股一直到可转债到期日的这段时期就是转股期。比如东财转3的发行公告中写道:"本次可转债转股期自本次可转债发行结束之日(2021年4月13日,T+4日)满六个月后的第一个交易日起至本次可转债到期日止,即2021年10月13日至2027年4月6日。"

8. 初始转股价格

初始转股价格,是上市公司依照约定把可转债转换为每股股份所需支付的价格。可转债发行公告中会写明初始转股价格,比如东财转3的发行公告中明确写着它的初始转股价格为每股28.08元。

9. 转股价格的调整方式及计算方式

接下来,我们以东财转3可转债为例,为大家介绍转股价格的调整方式和计算方式。东财转3的发行公告中明确写道:

在本次可转债发行之后,当公司因派送股票股利、转增股本、增发新股(不包括因本次可转债转股而增加的股本)、配股、派送现金股利等情况使公司股份发生变化时,将按下述公式进行转股价格的调整(保留小数点后两位,最后一位四舍五入):

派送股票股利或转增股本:$P1=P0/(1+n)$

增发新股或配股:$P1=(P0+A×k)/(1+k)$

上述两项同时进行：P1=（P0+A×k）/（1+n+k）

派送现金股利：P1=P0−D

上述三项同时进行：P1 =（P0−D+A×k）/（1+n+k）

其中：P1 为调整后转股价；P0 为调整前转股价；n 为送股或转增股本率；A 为增发新股价或配股价；k 为增发新股或配股率；D 为每股派送现金股利。

当公司出现上述股份和/或股东权益变化情况时，将依次进行转股价格调整，并在深圳证券交易所网站和符合中国证监会规定条件的信息披露媒体上刊登董事会决议公告，并于公告中载明转股价格调整日、调整办法及暂停转股期间（如需）。当转股价格调整日为本次可转债持有人转股申请日或之后、转换股票登记日之前，则该持有人的转股申请按公司调整后的转股价格执行。

当公司可能发生股份回购、合并、分立或任何其他情形使公司股份类别、数量和/或股东权益发生变化，从而可能影响本次可转债持有人的债权利益或转股衍生权益时，公司将视具体情况按照公平、公正、公允的原则以及充分保护本次可转债持有人权益的原则调整转股价格。有关转股价格调整内容及操作办法将依据当时国家有关法律法规及证券监管部门的相关规定来制订。

10. 转股价格向下修正条款

不同可转债的转股价格向下修正条款也不尽相同，比如东财转 3 的规定是：

在本次可转债存续期间，当公司股票在任意连续 30 个交易日中有 15 个交易日的收盘价低于当期转股价格的 85% 时，公司董事会有权提出转股价格向下修正方案并提交公司股东大会审议表决。若在前述30个交易日内发生过转股价格调整的情形，则在转股价格调整日前的交易日按调整前的转股价格和收盘价计算，在转股价格调整日及之后的交易日按调整后的转股价格和收盘价计算。

上述方案须经出席会议的股东所持表决权的三分之二以上通过方可实施。股东进行表决时，持有本次可转债的股东应当回避。修正后的转股价格应不低于前项规定的股东大会召开日前20个交易日公司股票交易均价和前一交易日公司股票交易均价。

此外，上市公司在修正程序方面也有严格的要求，这里不再赘述，投资者可以参阅每一只可转债的发行公告进行详细了解。

11. 转股股数确定方式

前面已经说过，在转股期内，持有可转债的投资者有权将手中的可转债以约定的转股价转换成公司的股票。下面是具体转股数量的计算方式：

$$Q=V/P$$

其中，Q是转股数量，通过去尾法取整股数，以"股"为单位，不足1股的可转债余额，上市公司将向可转债持有人支付现金；V是可转债持有人申请转股的可转债票面总金额，以"元"为单位；P是可转债持有人在申请转股时有效的转股价格，以"元/股"为单位。

12. 赎回条款

赎回条款指的是，在特定条件下，发行可转债的上市公司有权以可转债募集说明书中约定的赎回价格，赎回可转债持有人手中的部分或全部可转债。也就是说，当股价连续一段时期内超过约定的转股价格，达到赎回条件后，是否赎回的决定权就掌控在上市公司手里。下面看一下东财转3的赎回条款。

（1）到期赎回条款："在本次发行的可转债期满后5个交易日内，公司将按债券面值的107%（含最后一期利息）的价格赎回未转股的可转债。"

（2）有条件赎回条款："在本次发行的可转债转股期内，如果公司股票连续30个交易日中至少有15个交易日的收盘价格不低于当期转股价格的130%（含130%），公司有权按照本次可转债面值加当期应计利息的价格赎回全部或部分未转股的本次可转债；在本次发行的可转债转股期内，当本次可转债未转股余额不足人民币3000万元时，公司有权决定以面值加当期应计利息的价格赎回全部未转股的本次可转债。"

13. 回售条款

回售条款指的是可转债进入回售期后，假如正股价格在某一段时期内大幅下跌，且大跌后的价格远远低于转股价格，并达到一定的回售阈值比例，那么持有可转债的投资人就有权按照可转债募集说明书中的约定，以债券面值加当期应计利息的价格把手中持有的可转债全部或者部分回售给上市公司。下面看一下东财转3的回售条款。

（1）附加回售条款："若本次可转债募集资金运用的实施情况与公司在募集说明书中的承诺相比出现重大变化，且该变化被深圳证券交易所和中国证监会认定为改变募集资金用途的，本次可转债持有人享有一次以面值加上当期应计利息的价格向公司回售其持有的部分或者全部本次可转债的权利。在上述情形下,本次可转债持有人可以在公司公告后的回售申报期内进行回售,本次回售申报期内不实施回售的,自动丧失该回售权。"

(2)有条件回售条款:"在本次可转债最后两个计息年度内,如果公司股票收盘价在任何连续30个交易日低于当期转股价格的70%时,本次可转债持有人有权将其持有的本次可转债全部或部分以面值加上当期应计利息回售给公司。若在上述交易日内发生过转股价格因发生派送股票股利、转增股本、增发新股(不包括因本次发行的可转换公司债券转股而增加的股本)、配股以及派发现金股利等情况而调整的情形,则在调整日前的交易日按调整前的转股价格和收盘价格计算,在调整日及之后的交易日按调整后的转股价格和收盘价格计算。如果出现转股价格向下修正的情况,则上述'连续30个交易日'须从转股价格调整之后的第一个交易日起按修正后的转股价格重新计算。"

问答小课堂

可转债的基本要素挺复杂的,许多地方看不懂,您能详细说说吗?

初学可转债看不懂可转债的基本要素很正常,不用灰心丧气,后面章节会有详细介绍,并会有实例讲解,本节只是让大家对可转债有一个初步的认识。

可转债的信用评级划分

其实,可转债的信用评级也属于可转债基本要素的一部分,我们之所以把它单独列出来,是因为它真的很重要。我们依照从高到低的顺序,将可转债的信用评级依次分为 AAA、AA+、AA、AA-、A+、A、A- 等。

1. AAA 级的可转债

如果你仔细观察会发现,一般情况下,央企、地方政府实际控制的上市公司拥有最高的信用等级,往往信用评级都为 AAA 级。此类级别的可转债更受机构投资者的青睐,因为机构投资者出于风控的考虑,在设定投资策略之初就会有对评级的要求。正是因为机构投资者偏好 AAA 级可转债,所以市场上大都是大资金在配置此类可转债。在可转债市场上,AAA 级的可转债普遍溢价要高一些,新债上市首日的破发[①]概率也要低一些。

2. AA+ 级的可转债

相比信用评级为 AAA 级的可转债,信用评级为 AA+ 级的可转债要弱一些。不过它跟信用评级为 AAA 级的可转债相差不大,都是公司实力雄厚、违约风险很低的可转债。

3. AA 级的可转债

信用评级为 AA 级的可转债,其综合实力介于信用评级为 AA+ 级的可转债和信用评级为 AA- 级的可转债之间,比信用评级为 AA+ 级的可转债要弱,比信

---

① 破发:指新债上市后价格跌破了发行价。

用评级为AA-级的可转债要强。其中的"+""-"符号只是对其进行微调,"+"表示略高于本等级,"-"表示略低于本等级。

4. AA-级的可转债

信用评级为AA-级的可转债比信用评级为AA级的可转债要弱,但比信用评级为A级的可转债要强。

5. A+、A、A-级的可转债

信用评级为A级的可转债,其综合实力介于信用评级为A+级的可转债和信用评级为A-级的可转债之间。前面已经说过,"+""-"符号只是对可转债等级的微调,所以这三类可转债的综合实力其实相差并不算太大。

问答小课堂

请问可转债是不是只有这几个信用等级呀,我怎么听说还有其他等级呢?

这个问题问得非常好。可转债除了以上等级外,还有其他等级,比如BB级、BBB级。此类可转债的综合实力较弱,有违约风险。为了保护刚入门的投资者的利益,所以我们没有详细介绍此类可转债,求知欲强的投资者可以自行了解。

下有保底，可转债的债性

为什么说可转债保底呢？因为可转债是一种债券而非股票，虽然持有到期票息不高，但是只要上市公司最后不违约，可转债持有人就一定能拿回本息，即可转债的保本价格，只不过是付出了时间成本。以下几个因素共同决定了可转债的保底债性。

1. 上市公司有义务还本付息

首先，可转债是上市公司发行的一种可以转换成股票的债券，其本质是一种债券。既然是一种债券，那么它就跟其他债券一样，有一定的存续期，也有一定的利率。上市公司作为可转债的发行方，承担着还本付息的义务。不过，可转债持有人如果以债券的形式来收取本息，最后收益就比较低，这是许多投资者不愿看到的结果。

2. 证监会充分保障可转债持有人的利益

从理论上讲，上市公司有可能违约，不承担自己还本付息的义务。证监会充分考虑到了这一点，为了防止上市公司违约，对想要发行可转债的上市公司的资质要求十分严格，一般想要发行可转债的上市公司各方面都很不错。不过，如今可转债市场不断扩容，一些中小型公司也开始涌入可转债市场，今后表现如何，从当前态势来看还不是很明朗。虽然如此，相信证监会一定会一如既往地保障可转债持有人的利益，因为只有这样，可转债市场才能良性发展。

3. 跌至面值以下时会有套利资金涌入

我们都知道可转债的面值是 100 元，它也是可转债的保底价格。一旦可转债的价格跌到 100 元以下，就会有套利资金涌入，拉升可转债的价格。

为什么会出现这种现象呢？因为可转债具有债权属性，100 元是它的一个重要分界线，到期获得 100 元本金加利息收入的确定性比较高，有一定的投资价值，无处可去的大资金当然不会错过确定性机会。当可转债跌至面值以下时，那些转股溢价率不是非常高的可转债经常受到追捧，所以价格在面值以下的可转债难以出现大幅下跌。

4. 可转债持有人有回售"武器"

可转债的有关规则明确指出，一旦正股价低于转股价的 70%，且可转债处在回售期，那么可转债持有人就有权把手里的可转债回售给上市公司。这一点对可转债持有人是非常友好的，因为这个回售价格就等同于可转债的保本价。有了这个"武器"，可转债持有人就不惧股价大幅下跌。只要保持耐心，等可转债到了回售期，就可以把手中的可转债回售给上市公司，将风险转移。

这里要强调一点：一定要看可转债是否到了回售期，因为只有到了回售期的可转债才能回售给上市公司，否则就算正股价已经触发回售条款，可转债持有人也无权将手中的可转债回售给上市公司。

问答小课堂

既然可转债保底,那是不是在面值以下买入,肯定不会赔钱呢?

哪有这种好事!虽然可转债违约概率比较小,历史表现也十分优秀,但是不代表未来不会出现违约的情况。即使在面值以下买入一只可转债,也不能全仓,否则如果这只可转债违约,那岂不是灭顶之灾?所以还是要分散到几只甚至几十只可转债上,以避免个别可转债违约造成巨大损失。

上不封顶，可转债的股性

投资可转债的人很少有为了债券利息而投资的，大多是看中了可转债的股性。我们都知道，持有可转债的投资者，可以在转股期内把手里的可转债转换成股票，从而在股价上涨中获得更大收益。可是，许多投资者不过早转股，因为可转债具有期权属性。正股上涨时，可转债上涨的幅度也不小，有的甚至比正股涨幅更大，这就是可转债的股性。我们通过以下几点来了解可转债的股性。

1. 股价波动大的可转债更偏向股性

正股波动率对可转债的价格影响很大。正股股价波动大的，说明正股股价走高或走低的可能性更大，可转债的想象空间也就更大，所以正股股价波动大的可转债，一般都会获得更高的估值溢价，更受投资者的青睐。

2. 小盘股可转债的股性更强

可转债的投资者更喜欢小盘股可转债，这不难理解，因为正股股价波动大的可转债更偏向股性，而小盘股股价的波动较大盘股的更大。既然小盘股可转债的股性更强，那么它的涨跌幅度也就更大。股价大幅上涨时，它的价格也跟着大幅上涨；股价大幅回落时，它的抗风险能力也就更弱。投资小盘股的可转债，必然要有承受较大波动的心理准备。

3. 高价可转债涨跌比股票更甚

牛市到来时，正股股价一再拉升，可转债的价格会迅速脱离债性，很快达到 130～200 元的区间内，甚至超过 200 元，其波动幅度也大幅增加。处在这个区间的可转债的股性很强,一旦正股股价下跌,其跌幅也可能非常大。而且此类可转债有强赎风险,一旦上市公司发布强赎公告,资金将争先恐后地出逃,可转债的抛压也会激增,从而导致正股股价转而向下。从近些年可转债单日涨跌幅度的历史数据来看,有些高价可转债被拦腰斩杀,单日下跌40%以上的可转债也是存在的。投资这类股性较强的可转债,风险之大,可见一斑。

4. 可转债的价格到达130元未必是顶

虽然转股价格超过130元就达到了强赎线,要面临被强赎的风险,但是130元未必是可转债的顶。许多可转债的价格虽然达到了130元的强赎线,但是上市公司发布公告明确表示不会强赎,从而导致不少可转债的价格突破130元后继续走高,有的甚至非常高。

问答小课堂

投资偏向股性的可转债,是不是就跟炒股的风险一样呢?

没错,此类可转债已经丧失了债性。随着正股的涨跌,此类可转债涨跌的幅度也很大,其风险跟股票没什么两样。所以投资者一定要慎重投资此类可转债,不要"在针尖上跳舞"。

计算本息，对可转债有清楚的认识

可转债每年都会按照约定的票面利率支付利息，此外，可转债持有人持有到期还可以赎回可转债，赎回价远远高于本金和最后一期的利息。不过，可转债的票面利率执行的是累进利率，一般前几年利率很低，最后两年利率才相对高一些。我们从以下两个方面来了解可转债的本金和利息计算。

1. 年利息计算及付息方式

所谓年利息，指的是可转债持有人持有的可转债票面总金额自可转债发行首日起，每满一年可享受的当期利息。年利息的计算公式如下：

年利息 = 本次发行的可转债持有人在计息年度付息债权登记日持有的可转债票面总金额 × 当年适用票面利率

下面以山鹰转债为例，展示可转债的付息方式。山鹰转债发布的公告如下：

本次发行的可转换公司债券采用每年付息一次的付息方式，计息起始日为可转换公司债券发行首日。

付息债权登记日：每年的付息债权登记日为每年付息日的前一交易日，公司将在每年付息日之后的五个交易日内支付当年利息。在付息债权登记日前（包括付息债权登记日）已转换或已申请转换为公司股票的可转换公司债券，公司不再向其支付本计息年度及以后计息年度的利息。

付息日：每年的付息日为本次发行的可转换公司债券发行首日起每满一年的当日。如该日为法定节假日或休息日，则顺延至下一个工作日，顺延期间不另付息。每相邻的两个付息日之间为一个计息年度。

可转换公司债券持有人所获得利息收入的应付税项由持有人承担。

这里主要关注付息债权登记日，因为付息债权登记日当天必须要持有可转债才能享受当期利息，而在付息债权登记日前及付息债权登记日当天已经转换或已申请转换为公司股票的，就无法享受当期利息。

2. 本息计算公式

所谓"本息"，是指本金与利息的和。

可转债的本息计算公式如下：

$$可转债本息收入 = 本金 + 本金 \times 年化利息率$$

可转债的存续期不尽相同，在发行可转债之初已经约定好每一年的利率及到期赎回额。一般而言，到期赎回额包含最后一年的利息。表 1-1 所示是几只存续年限为 6 年的可转债各年度利率、到期赎回额及到期价值。

表 1-1 几只可转债各年度利率、到期赎回额及到期价值

可转债名称	票面金额（元）	各年度利率（%）						到期赎回额（元）	到期价值（元）
		第一年	第二年	第三年	第四年	第五年	第六年		
伊力转债	100	0.5	0.7	1.0	1.5	1.8	2.0	110	115.5
旗滨转债	100	0.2	0.4	0.6	1.0	1.8	2.0	110	114.0

续表

可转债名称	票面金额(元)	各年度利率（%）						到期赎回额(元)	到期价值(元)
		第一年	第二年	第三年	第四年	第五年	第六年		
凤21转债	100	0.3	0.5	1.0	1.5	1.8	2.0	112	117.1
东财转3	100	0.2	0.3	0.4	0.8	1.8	2.0	107	110.5
杭银转债	100	0.2	0.4	0.8	1.2	1.8	2.0	108	112.4
中钢转债	100	0.2	0.4	0.6	1.5	1.8	2.0	113	117.5
韦尔转债	100	0.2	0.4	0.6	1.5	1.8	2.0	110	114.5

问答小课堂

通过观察每只可转债的到期价值可以发现，它们之间还是有一定差别的，而且可转债之间的到期价值差别还不小，那是不是到期价值高的可转债更优质呢？

许多人都有这样的误解，觉得到期价值高的可转债更优质。其实只要认真观察一下上表就知道答案了，比较优质的东财转3到期价值反而低一些，可见到期价值高并不代表可转债更优质。可转债是否优质，更多地取决于其对应正股的表现。

实战案例

浦发转债，信用评级为 AAA 级的银行系可转债

浦发转债的发行规模为 500 亿元，期限为 6 年，对应正股是浦发银行，上市日期是 2019 年 11 月 15 日，债券评级为 AAA 级。补偿利率规定为："在本次发行的可转债期满后五个交易日内，公司将以本次发行的可转债面值的 110%（含最后一年利息）的价格赎回全部未转股的可转债。"其利率：第一年 0.20%、第二年 0.80%、第三年 1.50%、第四年 2.10%、第五年 3.20%、第六年 4.00%。赎回价是 110 元，本息和为 117.80 元。

许多投资者为了打新股，喜欢将银行类股票作为投资标的，俗称"门票股"，因为他们只想获得打新的门票，不想承担长期持有股票带来的风险。由此可见，一般银行类股票暴涨暴跌的概率很小。

由于可转债与对应正股的走势高度相关，银行系可转债自然也有这个特点，很少出现暴涨暴跌的现象。而其他可转债则不然，随着股市的下跌，可转债的价格也难免跟着下跌，以往动辄 120 元、130 元的价格此时可能跌至 100 元左右，以往 100 元左右的价格此时可能跌至 80 元，甚至 70 元。因此，银行系可转债是防御性很高的可转债，尤其是信用评级为 AAA 级的浦发转债，更是获得了许多大资金的青睐。

银行系可转债有一个特点，拉抬股价上涨的意愿不强烈，下调转股价的现象比较少见，因为绝大多数银行都属于国资或有国资背景，为了避免国有资产流失，发行可转债时都有"转股价格下修（向下修正）不低于净资产"的规定，

又由于当下市场银行股普遍破净[①]，发行可转债时的转股价格往往就是当年的每股净资产，所以根本无法下修，很可能到期还本付息。对于追求更高收益的投资者，可以避开此类可转债。

从历史数据来看，平安银行于2019年1月21日发行了规模为260亿元的平银转债，于2019年9月18日就完成了强赎，即仅仅耗时8个月就实现了强赎。不过，相比其他转债将强赎条件定为超过130%，平银转债将强赎条件定为超过120%，最后交易价格是123.88元。而中国银行于2010年6月2日发行了规模为400亿元的中行转债，于2015年3月6日才完成了强赎，耗时4年零8个月，最后交易价格是145.93元。

图1-1所示为浦发转债的走势图，2020年10月9日出现了一个目前为止的最低价格为96.5元，这是买入浦发转债的绝佳时机，因为银行系可转债很少出现暴涨暴跌的现象，更何况浦发转债的信用评级为AAA级，因此在96.5元买入的风险极低。

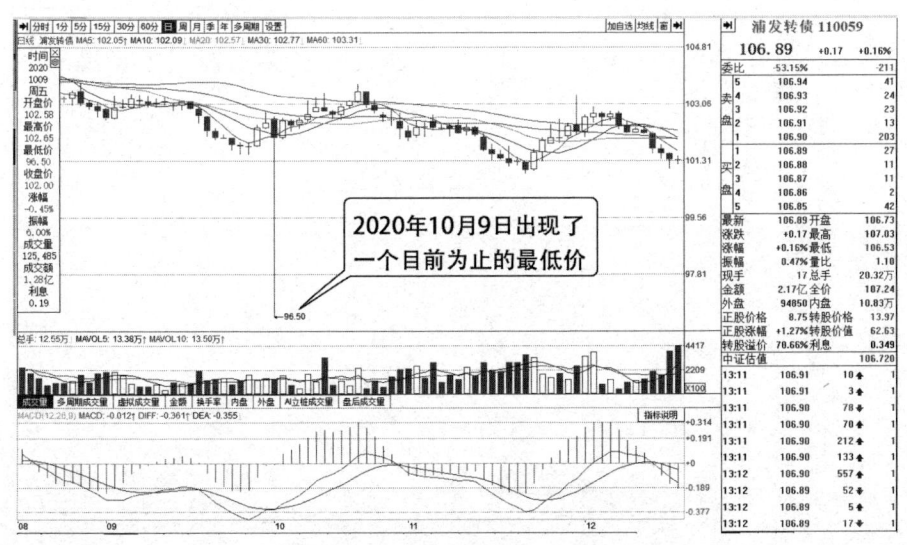

图1-1　浦发转债的走势图

① 破净：股价跌破资产净值。

在 2020 年 10 月 9 日以每张 96.5 元的价格买入浦发转债，假设浦发转债于 2022 年 10 月 9 日以 130 元完成强赎，其年化收益为（130－96.5）÷2×100%＝16.75%。当然，这里的 2022 年 10 月 9 日强赎仅仅是假设而已，具体的强赎日期不确定，甚至是否会强赎也不确定，就连 96.5 元是不是历史最低价也不确定。正是因为有诸多不确定因素，才影响了许多投资者大量配置信用评级为 AAA 级的浦发转债。而如果我们看好信用评级为 AAA 级的浦发转债，完全可以在这一价位大量买入，然后耐心持有到强赎前卖出。

这里仅以浦发转债为例进行说明，在实际投资中，信用评级为 AAA 级的其他银行系可转债也是同样的道理。我们可以经常关注其走势，等待低位买入的机会，然后耐心持有，直到达到理想的价位再卖出。

第 2 章

细究可转债重要条款，投资要胸有成竹

可转债的重要条款是写在明处的规定，无论是可转债的发行人，还是可转债的持有人，都要遵守这些条款，否则就会由于自己的不专业而付出惨痛的代价。投资者一定要细细研究可转债的重要条款，避免由于自己的不专业导致不该有的损失。

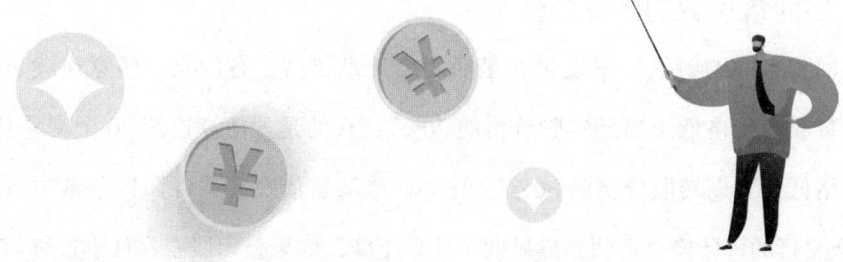

回售条款，遮风挡雨的保护伞

前文已经简略介绍了可转债的回售条款，由于它在可转债投资中十分重要，因此这一节我们详细介绍一下。

许多可转债在发行之初就已经设置了回售条款，如果可转债对应的正股持续下跌到某个位置，且在这个位置持续一定的时间，那么可转债持有者就有权以某个约定的价格将手中的全部或部分可转债回售给上市公司。所以我们说，回售条款是为投资者遮风挡雨的保护伞。所谓"约定的价格"，一般是票面价格加当期利息。我们从以下几点来详细介绍下回售条款。

1. 为何要设置回售条款

无论是投资者还是发行者，都不希望看到触发回售条款，因为一旦触发回售条款，投资者就只能拿回本金和微不足道的利息，发行者也无法实现把债主变成股东的目的。可是市场上股价起伏不以人的意志为转移，尤其是在熊市，当股价持续下跌，可转债的价格也持续走低时，投资人看不到希望，就有可能选择回售给发行者。设置这一条款其实大有深意，一方面鞭策上市公司不断提升业绩，另一方面保护投资者的利益，促进可转债市场长期向好发展。

2. 回售条款的触发条件

回售条款的触发一般发生在最后两个计息年度，有的是"任意连续30个交易日收盘价格低于当期转股价格的70%"，有的是"任意连续30个交易日收盘价格低于当期转股价格的80%"。比如，旗滨转债在有条件回售条款中写道："本次发行的可转换公司债券最后两个计息年度，如果公司股票在任意连续30个交易日的收盘价格低于当期转股价格的70%时，可转换公司债券持有人有权将其持有的可转换公司债券全部或部分按债券面值加上当期应计利息的价格回售给公司。"

这段话中有几点需要重点说一下："最后两个计息年度"是说回售条款的触发有时间限制，在最后两个计息年度之外的时间内，满足条件也无法触发回售条款；"连续30个交易日"是说这30个交易日必须是连续的，且不能有间断；"按债券面值加上当期应计利息的价格"是说100元加当期应付利息，一般是比较低的。

上面说的是有条件回售条款，下面再说一下附加回售条款。比如，旗滨转债的发行公告中写道："若公司本次发行的可转换公司债券募集资金投资项目的实施情况与公司在募集说明书中的承诺情况相比出现重大变化，根据中国证监会的相关规定被视作改变募集资金用途或被中国证监会认定为改变募集资金用途的，可转换公司债券持有人享有一次回售的权利。"一般情况下，上市公司在发行可转债之初时，都会详细列出募集资金的用途。一旦上市公司因某些原因改变资金用途，就会触发附加回售条款，此时投资者也可以行使回售权。

3. 行使回售权的注意事项

当转股无望，触发回售条款时，投资者有权行使回售权，此时的投资者无须等待债券到期，就能以回售价将手中的可转债回售给公司。

不过，投资者要特别注意，行使回售权一年只有一次机会，如果在规定的时间内没有行使回售权，那么该计息年度将无法再次行使回售权。

还有一点很重要：并非所有可转债都设置了回售条款，许多表现强势的可转债并没有设置回售条款。投资者在选择投资标的之前务必仔细阅读回售条款，以免因为不熟悉规则而给自己造成损失。

问答小课堂

文中说行使回售权一年只有一次机会,那我必须要抓住机会回售给公司吗?

对于可转债持有人来说,回售是我们的权利,而不是我们的义务。所以触发回售条款后,如果我们对后市有信心,当然可以选择继续持有;如果我们对后市没有信心,此时既可以选择回售,也可以按照市价卖出。至于是选择回售还是卖出,就要计算回售价与市价哪个更高了,选择获利更高的即可。

强赎条款，透明的天花板

第 1 章《可转债的基本要素》一节已经大致介绍过可转债的强赎条款，它跟回售条款一样十分重要，无视强赎条款的投资者很可能会由于操作失当而蒙受极大的损失，所以这一节详细说一说强赎条款。下面从三个方面来介绍可转债的强赎条款。

1. 为何要设置强赎条款

可转债的回售发生在股价下跌时，与之相反，可转债的强赎则发生在股价上涨时。当上市公司的股价不断上升，触发强赎条款时，上市公司有权以事先约定的强赎价格强制赎回投资者手中持有的可转债。由于触发强赎条款的价格透明，所以我们说强赎条款是可转债的透明天花板。

公司对可转债发起强赎，真实目的并不是为了强制赎回投资者手中的可转债，而是为了促使投资者尽快转股，将投资者从债主变成股东。通过这一条款，上市公司能顺利完成变相增发，无须再承担财务成本。因此，当触发强赎条款时，上市公司往往会选择强赎。

2. 强赎条款的触发条件

强赎分为到期强赎和有条件强赎两种。

（1）到期强赎。到期强赎是指可转债期满，上市公司有权强制赎回投资者手中的全部可转债。比如，旗滨转债的到期强赎条款这样规定："在本次发行的可转债期满后五个交易日内，公司将按债券面值的110%（含最后一期利息）的价格赎回全部未转股的可转换公司债券。"

（2）有条件强赎。有条件强赎是指随着上市公司的股价不断上升，连续30个交易日中至少有15个交易日的收盘价不低于当期转股价格的130%（含130%），或发行的可转债未转股余额不足3000万元，触发了强赎条件，上市公司有权强制赎回投资者手中的可转债。比如，旗滨转债的有条件强赎条款这样规定："在本次发行的可转换公司债券转股期内，如果公司A股股票连续30个交易日中至少有15个交易日的收盘价不低于当期转股价格的130%（含130%），或本次发行的可转换公司债券未转股余额不足人民币3000万元时，公司有权按照债券面值加当期应计利息的价格赎回全部或部分未转股的可转换公司债券。"

3. 应对强赎的注意事项

与回售条款相对，强赎条款对上市公司更有利，因为是否强赎的决定权掌握在上市公司手里。强赎条款有助于加速可转债结束其使命，因为投资人不得不转股或卖出，否则上市公司就会以极低的价格强制赎回。

一旦公司发布可转债强赎公告，投资者就要高度重视，在强赎之前及时在以下两个方式中做出选择：一个是直接卖出，另一个是转股。

可是，在可转债的投资中，许多投资者经常粗心大意，无视上市公司一遍又一遍发出的强赎公告，最后手中持有的可转债被上市公司以极低的价格强制赎回，给自己造成巨大的损失。甚至连一些专业的投资机构也会犯这种低级错误，既没有在二级市场卖掉手中的可转债，也没有进行转股操作，最后损失惨重。

问答小课堂

不关注强赎公告,居然会给自己造成这么大的损失。看来我以后一定要经常关注强赎公告。请问强赎公告从哪里看?真担心自己会错过。

打开券商交易软件,找到持有的可转债,进入后就会看到强赎公告。不过只有触发强赎条款,才有可能看到强赎公告,平时是没有的。上市公司一般会多次发布强赎公告,只要留心,一定不会错过的,所以不用担心。

下修条款，扭亏为盈的魔法棒

如果可转债对应的正股持续下跌，达到转股价以下一定比例，且持续一段时间，可转债持有人转股的意愿就会变弱，那么发行人就有权向股东大会提出下修转股价格的建议。一旦股东大会表决通过，那么就会下修转股价格，向下进行一定的调整。下修条款就像魔法棒一样，能帮助可转债持有人实现扭亏为盈。下面我们从三个方面来介绍下修条款。

1. 为何要设置下修条款

我们已经知道发行人发行可转债的目的是融资，并且促使可转债持有人转股，从而实现变相增发这一目的。而转股价的高低直接决定了可转债持有人转股意愿的强烈与否。假如处在牛市，正股股价持续上升，很容易就能通过强赎条款促使可转债持有人转股。可是如果遇上熊市，股价持续下跌，正股价格低于可转债的转股价格，可转债持有人不肯转股，那么上市公司最后很可能要还本付息。这是上市公司不想看到的结果。此时上市公司就有可能向下修正转股价格，缩小正股股价与转股价之间的差距。下修转股价之后，只需要一波反弹，正股股价就有可能超过转股价，从而提高可转债持有人转股的积极性。转股的人越来越多，大家都从债主变成股东，上市公司也就不用还钱了。

2. 下修条款的触发条件

一般情况下，上市公司会设置下修条款。比如，旗滨转债的下修条款为："在本次发行的可转换公司债券存续期间，当公司股票在任意连续30个交易日中至少有15个交易日的收盘价低于当期转股价格的85%时，公司董事会有权提出转股价格向下修正方案并提交公司股东大会审议表决。"

通常，在可转债存续期间，当公司股票在任意连续 30 个交易日中至少有 15 个交易日的收盘价低于当期转股价格的 85% 时，公司董事会有权提出转股价格向下修正方案并提交公司股东大会表决。比如景旺电子根据这一规则，在公告中写道："因公司股票存在连续 30 个交易日中至少有 15 个交易日的收盘价低于当期转股价格（35.28 元/股）的 80%（28.23 元/股）的情形，公司于 2021 年 2 月 25 日召开了第三届董事会第十八次会议，2021 年 3 月 15 日召开了 2021 年第一次临时股东大会，审议通过了《关于向下修正'景 20 转债'转股价格的议案》，同意公司向下修正'景 20 转债'的转股价格，修正后的转股价格不低于股东大会召开日前 20 个交易日公司股票交易均价和前一交易日均价之间的较高者。"最后，景 20 转债经股东大会表决通过了下修议案，将景 20 转债由 35.28 元/股下修到 27.70 元/股。

需要注意的是，向下修正转股价是上市公司的权利，但并不是上市公司的义务。修正转股价必须经出席会议的股东所持表决权的三分之二以上通过方可实施，且持有本可转债的股东要回避，这是为了保障原股东的权利，因为下修转股价会提高转股比例，从而稀释原股东的股份。修正后的转股价格不得低于股东大会召开日前 20 个交易日公司股票交易均价和前一交易日均价之间的较高者。不把转股价定得太低，这主要是为了保护其他股东。

3. 应对下修转股价的注意事项

为了防止国有资产的流失，国资委规定，下修后的转股价不得低于净资产，所以许多国有企业下修转股价的幅度有限。正是因为有这一条限制条款，许多国有企业不得不把可转债下修到净资产之上，而无法继续下调到股价附近，从而降低了可转债的吸引力。不过这也不是绝对的，有些国有上市公司就允许突破净资产，比如湖广转债就曾把转股价下修到净资产以下。

而其他公司则没有这方面的限制，只要股东大会表决通过，就可以修正到净资产以下。甚至下修次数也没有严格的限制，可以分几次下修到底。所以经常有投机者在下修前疯狂买入，博弈下修到底，而股东大会表决通过的下修却只是象征性的，没有下修到底，最后投机者损失惨重。

问答小课堂

下修转股价一定会使可转债的价格上涨吗？有没有例外？

下修转股价格大多数时候意味着可转债价格上升，不过世事无绝对，可转债也是如此。实际上，经常出现转股价格虽然下修，但是可转债价格反而下跌的现象。所以不要看到下修转股价就全仓买入，否则很可能给自己带来资金上的损失。

担保条款，可转债的定心丸

《上市公司证券发行管理办法》第20条规定："公开发行可转换公司债券，应当提供担保，但最近一期末经审计的净资产不低于人民币15亿元的公司除外。"这一条款给投资人吃了一颗定心丸。下面我们从有担保的可转债和无担保的可转债两种情况来介绍可转债的担保条款。

1. 有担保的可转债

《上市公司证券发行管理办法》第20条规定：

提供担保的，应当为全额担保，担保范围包括债券的本金及利息、违约金、损害赔偿金和实现债权的费用。

以保证方式提供担保的，应当为连带责任担保，且保证人最近一期经审计的净资产额应不低于其累计对外担保的金额。证券公司或上市公司不得作为发行可转债的担保人，但上市商业银行除外。

设定抵押或质押的，抵押或质押财产的估值应不低于担保金额。估值应经有资格的资产评估机构评估。

比如，航电转债的担保说明中这样写道："中国航空工业集团公司为公司本次公开发行的可转换公司债券的到期兑付提供全额、不可撤销的连带责任保证担保。"从这一条款我们容易产生误解：航电转债的正股净资产肯定没超过15亿元，不然为什么提供担保呢？其实，航电转债的正股是中航电子，它的净资产在15亿元之上，即便如此，也提供了担保。所以我们解读条款不能绝对化，一定要寻根究底。

2. 无担保的可转债

杭银转债的担保说明中这样写道:"根据《上市公司证券发行管理办法》第20条的规定'公开发行可转换公司债券,应当提供担保,但最近一期末经审计的净资产不低于人民币15亿元的公司除外'。截至2019年12月31日,本行经审计的净资产为625.45亿元,高于15亿元,因此本次可转债未提供担保。如果本行受经营环境等因素的影响,经营业绩和财务状况发生不利变化,本次可转债投资者可能面临因本次发行的可转债无担保而无法获得对应担保物补偿的风险。"从说明中可以看到,杭银转债不提供担保,一旦正股杭州银行受到经营环境等因素的影响,发生经营业绩和财务状况向坏的情况,投资杭银转债的投资者就有可能无法获得赔偿,因为该可转债无担保。

不过,从可转债整体市场来看,大多数公司的净资产都是高于15亿元的,所以根本没设置担保条款。虽然没有设置担保条款,但是其正股往往比较强势,一般无须担心。

问答小课堂

既然有担保的未必好,无担保的未必不好,那怎样根据担保条款选择可转债呢?

担保条款里基本没什么内容,单看担保条款挑选可转债比较困难,关键是看可转债对应的正股是否实力较强。如果公司的净资产不足15亿元,则可以了解其担保的公司的实力怎么样。如果实力较强,则可以投资该可转债。

实战案例

烽火转债，下修竟成"烽火戏诸侯"

由于可转债下修转股价可以使其转股价值大幅提升，并大幅降低其溢价率，因此许多投资者往往在获悉下修消息前买入可转债，等待下修到底后从中获益，此时可转债的股性大为增强。一般下修发生在可转债行情低迷的时候，此时许多可转债会提议向下修正转股价格。可是，董事会提议下修后，最终是否下修，下修多少，都要等到股东大会表决之后才能知道。

《烽火通信科技股份有限公司公开发行可转换公司债券募集说明书》中的向下修正条款规定：

在本次发行的可转换公司债券存续期间，当公司股票在任意连续30个交易日中至少有15个交易日的收盘价低于当期转股价格的80%时，公司董事会有权提出转股价格向下修正方案并提交公司股东大会表决。

上述方案须经出席会议的股东所持表决权的三分之二以上通过方可实施。股东大会进行表决时，持有本次发行的可转换公司债券的股东应当回避。修正后的转股价格应不低于本次股东大会召开日前20个交易日公司股票交易均价和前一个交易日均价之间的较高者。同时，修正后的转股价格不得低于最近一期经审计的每股净资产值和股票面值。

若在前述30个交易日内发生过转股价格调整的情形，则在转股价格调整日前的交易日按调整前的转股价格和收盘价计算，在转股价格调整日及之后的交易日按调整后的转股价格和收盘价计算。

烽火转债满足下修转股价的条件后，董事会很快就提议向下修正烽火转债的转股价格，于是许多投资人觉得公司对于下调转股价是非常积极的。董事会提议向下修正转股价时，全部董事表决通过，赞成向下修正烽火转债的转股价格，投资人据此判断烽火转债下修到底的可能性很大。加上公司的股权结构比较集中，这更加坚定了投资者对下修到底的信心。

该公司于2021年3月29日召开了2021年第二次临时股东大会，大会审议通过了《关于向下修正烽火转债转股价格的议案》。在这次股东大会召开前20个交易日，公司的股票交易均价为人民币18.87元/股；而这次股东大会召开前一个交易日，公司的股票交易均价为人民币18.60元/股；公司最近一期经审计的每股净资产值为10.30元/股。根据约定，烽火转债下修后的转股价不得低于18.87元/股。

获悉这一消息后，许多投资者迅速买入烽火转债，期待烽火转债的转股价下修到底。如果转股价下修到底，那么转债价格会在110～117元/张；而如果下修失败，则转债价格很可能会跌破105元/张。此时买入烽火转债最大的风险在于转股价下调失败，将导致烽火转债的价格下跌。

2021年3月30日，公司召开第八届董事会第三次临时会议，审议《关于确定向下修正烽火转债转股价格的议案》，宣布将烽火转债的转股价下修到22.60元/股。

这与广大投资者下修到底的预期相差很大，直接导致烽火转债当日开盘价格暴跌，如图2-1所示，于是有人将烽火转债下修风波戏称为"烽火戏诸侯"。

图 2-1　下修不及预期后暴跌的烽火转债日 K 线走势图

提前加仓买入烽火转债等待下修到底的投资者深受其害，悔不该坚信烽火转债会下修到底。通过这一事件，相信投资者一定会对下修转股价有一个正确、客观的认识，而不是盲目相信自己的判断。

第 3 章

吃透交易规则，摸清可转债的"脾气"

可转债的报价规则、临时停牌规则、转股规则等知识都是在进行可转债交易前必须学习的。只有掌握这些知识，才能知道可转债的"脾气"。刚接触可转债的人更要清楚可转债的交易规则，明明白白做可转债投资。

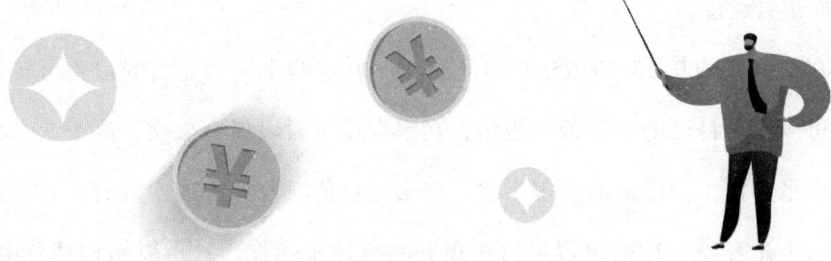

不同时段的报价规则

做可转债投资，必须掌握不同时段的报价规则，只有这样才能运用好规则，从而为投资服务。下面我们从可转债的交易时段、集合竞价报价规则和连续竞价报价规则等三方面进行详细介绍。

1. 交易时段

跟股票一样，可转债也只能在交易日进行交易。所谓"交易日"，也就是除了法定节假日的工作日。这里要说明一点，周六、周日始终不交易，即使因为调休把周六、周日调为工作日，也不交易。可转债的交易时段具体如下：

开盘集合竞价：9:15—9:25

上午交易时间：9:30—11:30

下午交易时间：13:00—15:00（沪市）

　　　　　　　13:00—14:57（深市）

深市收盘集合竞价：14:57—15:00

2. 集合竞价报价规则

集合竞价，是对一段时间内接收的买卖申报进行一次集中撮合，这种竞价方式即集合竞价。

在交易日的 9:15—9:25 和 14:57—15:00 这两个集合竞价时段，可转债投资者可以根据自己的心理价位报价，在集合竞价时段撮合成交，高于参考价的买单申报和低于参考价的卖单申报，在集合竞价时段买方或卖方有一方全部成交。其中，9:15—9:20 可以进行买单和卖单挂单操作，且可以撤销挂单申报；

9:20—9:25也可以进行买单和卖单挂单操作,但是不能撤单;9:25,根据集合竞价的买单和卖单报价,给出当天开盘价格;9:25—9:30,不可以挂单,也不可以撤单,此时段的申报将暂存在证券公司系统里,于9:30开盘后提交到交易所;深市于14:57—15:00,根据集合竞价的买单和卖单报价,给出当天收盘价。

沪市和深市的可转债集合竞价报价规则如图3-1和图3-2所示。

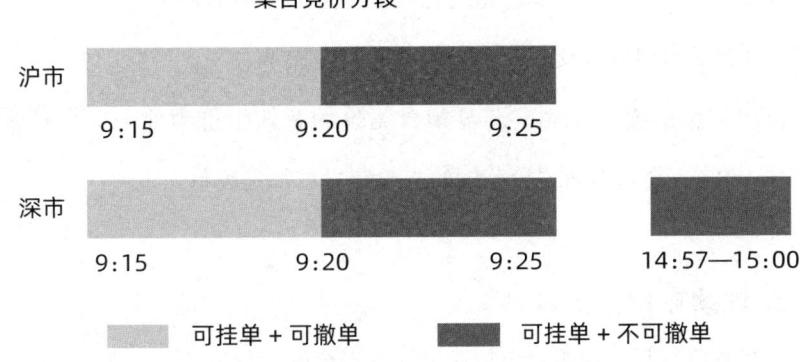

图3-1 沪市、深市集合竞价时段的挂单、撤单情况

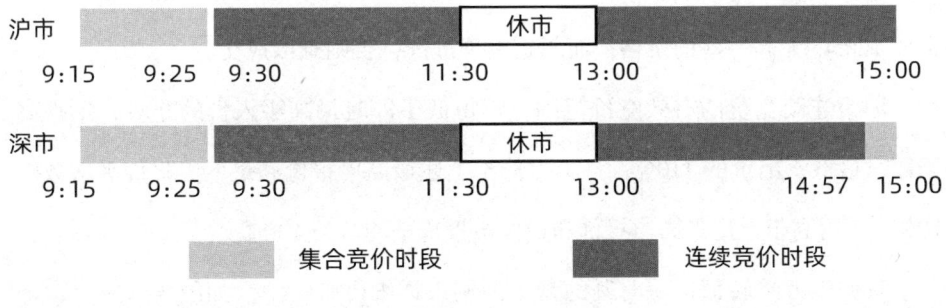

图3-2 沪市、深市集合竞价和连续竞价时段的划分

特别提示:由于9:15—9:20这一时段既可以挂单,又可以撤单,所以这个时段显示的可转债价格经常不准确,投资人只能大致参考这一时段显示的可转债价格;而9:20—9:25这一时段不能撤单,所以这个时段显示的可转债价格有

一定参考价值，尤其是在9:25前几十秒时显示的价格，是最接近开盘价的。想在集合竞价时段成交的，可以在9:25前一分钟内挂单。买单的价格最好挂比当前显示价格略高一些，卖单的价格最好挂比当前显示价格略低一些，这样更容易成交。

按照深市的报价规则，上市首日开盘集合竞价的有效报价为发行价的-30%～30%，即70～130元；非上市首日开盘集合竞价的有效报价为前一交易日收盘价的-10%～10%。超过有效报价范围的买单和卖单不会成交，而是会保留，开盘后有可能成交，开盘未成交的可以撤单。

按照沪市的报价规则，开盘集合竞价的有效报价为前一交易日收盘价的70%～150%，超过有效报价范围的买单和卖单都是废单。

3. 连续竞价报价规则

连续竞价，是指对买卖申报逐笔连续撮合的竞价方式。

深市连续竞价的有效竞价范围是-10%～10%，采用即时成交规则。比如，一只可转债的价格一直上涨，即时成交价是120.45元，如果想快速买进，可以报比120.45元高一些的价格，而不宜报价过低，否则难以成交。

沪市连续竞价的有效竞价范围：不得低于即时最高买入价的90%，不得高于即时最低卖出价的110%，且不得低于上述最高申报价和最低申报价平均数的70%，不得高于上述最高申报价和最低申报价平均数的130%。

我们以万孚转债某一时刻的盘口为例来详细讲解一下。如图3-3所示，即时最低卖出价为卖1价，即121.078元；即时最高买入价为买1价，即121.000元。根据上面所讲的规则，投资者如果想在此时购买万孚转债，那么就要在（121.000×90%）～（121.078×110%）元之间挂单。

第 3 章
吃透交易规则，摸清可转债的"脾气" 45

卖5	121.270	4
卖4	121.235	1
卖3	121.100	10
卖2	121.079	1189
卖1	121.078	9
买1	121.000	68
买2	120.900	5
买3	120.839	6
买4	120.801	5

图 3-3 万孚转债某一时刻的盘口

问答小课堂

深市规定，超出报价范围的委托，不计入集合竞价范围，但保留委托。这怎么理解？

深市规定首日报单范围在 70～130 元。假如你挂单 135 元，集合竞价不成交，但保留挂单价 135 元，开盘如果涨到 135 元及以上，你挂的 135 元就会成交。

可转债实行 T+0 交易规则

经常炒股的人都知道，沪深两市实行 T+1 交易规则，即当日买入的股票，当日不能卖出，第二个交易日才能卖出。而可转债实行 T+0 交易规则，即当日买入的可转债，当日就能卖出，无须等到第二个交易日。而且卖出可转债收回的资金可以继续交易，这大大提高了资金的使用率。不过，无论是当天卖出的股票，还是当天卖出的可转债，当天都不支持提现，需要等到第二个交易日才能提现。

进行可转债 T+0 操作时，务必注意以下四点。

1. 挑选交易活跃的可转债

相比股票投资，可转债投资的特点是小众化，虽然实行 T+0 交易规则可以增加可转债的交易频次，提升可转债市场的活跃度，但是依然难以改变可转债交易量整体偏小的事实。所以挑选交易的可转债时，要尽可能挑选成交量大的，这样能保障流动性好。千万不要选择成交量低迷不振的可转债，否则很可能因为流动性差而交易失败。

2. 以正股为参照指标

一般情况下，可转债的价格和正股的价格直接相关：当正股下跌时，可转债的价格也会下跌；反之，当正股上涨时，可转债的价格也会上涨。所以，投资者可以把正股股价的波动作为参照指标，寻找正股出现异动的可转债，趁价格回落时逢低进场，然后等价格拉升时卖出。

3. 设置好止盈线和止损线

由于可转债实行 T+0 交易规则，所以一定要有清晰的目标，设置好止盈线和止损线，而不能凭感觉交易。设置好止盈线和止损线后，就要严格按照止盈线和止损线执行操作，丢掉不切实际的幻想，不要因为被套牢而不肯割肉离场，使短线操作变成中长线操作，而当真正的行情到来时，只能眼巴巴地看着别人赚钱，自己则错失良机。

4. 严格按照既定目标操作

许多可转债持有人不具备冷静分析行情的能力，没有自己的交易策略，只会跟风操作，对自己买入的可转债了解甚少，所以被套牢后容易手忙脚乱，不知如何应对。而成熟的可转债持有人能严格按照既定目标操作，就算操作过程中因为判断失误而略有损失，也能及时修正，并按照原有计划操作。

问答小课堂

既然可转债可以 T+0 交易，那我一直低买高卖，岂不是可以循环盈利？

低买高卖固然可以循环盈利，可没有人能做到。你以为的低买，也许过一会儿会发现买在了山顶上，几分钟甚至几秒钟就有可能暴跌，最后被套牢。T+0 短线交易刚开始也许会赚点儿钱，可是随着交易频次的增加，出现判断失误的概率也就越来越大，最终赔钱的可能性更大。所以要慎重交易，不要觉得 T+0 就一定是好事。

临时停牌让投资人回归理性

可转债投资有一个特征——不设涨跌幅限制。但是，为了防止资金恶意炒作，可转债实行临时停牌制度，即沪深两市的可转债价格出现大幅波动时，通过临时停牌使可转债的价格受到限制，让投资人回归理性。至于停牌的具体规则，深市和沪市略有不同，具体介绍如下。

1. 深市停牌规则

深市可转债一旦首次涨幅或跌幅超过20%，就会临时停牌30分钟；一旦单次涨幅或跌幅超过30%，就会临时停牌到14:57，14:57后复牌。在临时停牌期间，深市可转债可以挂单，也可以撤销挂单。

深圳证券交易所发布的《关于完善可转换公司债券盘中临时停牌制度的通知》规定如下：

一、无价格涨跌幅限制的可转换公司债券竞价交易出现下列情形的，本所可以对其实施盘中临时停牌措施：

（一）盘中成交价较前收盘价首次上涨或下跌达到或超过20%的，临时停牌时间为30分钟；

（二）盘中成交价较前收盘价首次上涨或下跌达到或超过30%的，临时停牌至14:57。

二、盘中临时停牌具体时间以本所公告为准，临时停牌时间跨越14:57的，于当日14:57复牌，并对已接受的申报进行复牌集合竞价，再进行收盘集合竞价。

三、盘中临时停牌期间，投资者可以申报，也可以撤销申报。复牌时对已接受的申报实行复牌集合竞价。

四、本所可以视可转换公司债券盘中交易情况调整相关指标阈值，或采取进一步的盘中风险控制措施。

2. 沪市停牌规则

沪市可转债一旦首次涨幅或跌幅达到或超过 20%，就会临时停牌 30 分钟；一旦单次涨幅或跌幅达到或超过 30%，就会临时停牌到 14:57，14:57 后复牌。有一点投资者一定要注意：与深市可转债在临时停牌期间可以挂单和撤销挂单不同，沪市可转债在临时停牌期间不可以挂单，也不可以撤销挂单。投资人不要将二者混淆，以免因不清楚规则而给自己带来损失。

问答小课堂

我中了一签东财转 3，上市首日 9:30 开盘后想卖出，却发现显示停牌，卖不了，这是怎么回事？我挂单 130 元，而且挂单成功了，当时价格也是 130 元，怎么卖不了呢？

因为东财转 3 集合竞价涨了 30%，根据规则要停牌到 14:57，停牌期间无法交易。如果你想首日卖出东财转 3，可以在 9:25 之前挂低于 130 元的价格出货。你挂单成功是因为东财转 3 属于深市可转债，深市可转债临时停牌期间可以挂单，也可以撤销挂单，所以你既可以在临时停牌期间挂单，也可以在 14:57 复牌后挂单。

可转债的转股规则

许多刚接触可转债的人不清楚可转债怎么转股，也不知道转股期是什么，更没注意过转股公告，所以从未进行过转股操作。其实，有时候投资者可以通过转股保住收益或实现套利。下面从以下几点来说一说可转债的转股规则。

1. 转股期

可转债并不是什么时候都可以转股，而是有转股期的。一般可转债都是发行6个月后进入转股期，进入转股期后，直至可转债退市，可转债持有人都可以进行转股操作。而可转债在发行后的6个月内是无法转股的，因此，想要在发行后的6个月内转股套利是不现实的。当可转债进入转股期后，可转债持有人可以关注可转债是否折价，如果发现存在折价套利机会，便可以通过转股获利。

2. 转股公告

进入转股期后，可转债持有人就要经常关注手中的可转债是否发布了转股公告，尤其要注意是否发布了强赎公告，务必于强赎之前卖出可转债或完成转股操作。实际上，许多投资者不关注转股公告，无视强赎，以致最后持有的可转债被上市公司以面值加利息的极低价格强赎，直接腰斩。这种失误本不该出现，投资者只要稍加注意转股公告，留心强赎风险，就能保住收益。

3. 转股方式

沪市可转债和深市可转债在转股方式上略有不同：沪市可转债没有转股代码，要借助转债代码实现转股操作；而深市可转债有转股代码，可以通过转股代码实现转股操作。下面我们以东方财富证券为例,介绍沪市可转债和深市可转债的转股操作方法。

沪市可转债转股时,打开投资软件的证券交易界面,找到"债转股"并点击进入,分别输入转股代码和转股数量,点击"提交委托"即可。需要特别注意的是,这里要输入的是转股代码,而非转债代码,否则就不是在转股,而是在买卖可转债了。

深市可转债转股时,打开投资软件的证券交易界面,找到"债转股"并点击进入,点击债券代码,如123111(东财转3)。此时转股代码会自动显示,再输入转股数量,点击"提交委托",如图3-4所示。检查转股代码、转股名称、转股价格及转股数量是否正确,确认无误点击"确定"即可,如图3-5所示。

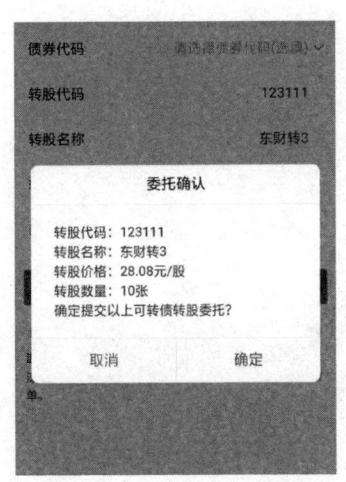

图3-4　深市可转债转股界面　　　图3-5　在委托确认界面确认

问答小课堂

我把可转债转成股票后,可以再把股票转成可转债吗?

不可以。只能把可转债转成股票,却不能把股票转成可转债,转股操作是不可逆的。所以,是否转股一定要根据利弊得失慎重决策,以免转股后后悔。

实战案例

韦尔转债，怎么利用临时停牌套利

可转债市场经常出现临时停牌的现象，投资者应该学习临时停牌规则，从而在机会出现时充分利用临时停牌规则来套利，以提高自己的收益率。下面以韦尔转债为例，来说明如何利用临时停牌规则进行套利。

2021年1月22日，韦尔转债在众多投资者的期盼中上市，直接以150元的价格开盘。我们已经知道，深市可转债上市首日开盘集合竞价的有效范围为发行价的70%~130%，沪市可转债上市首日开盘集合竞价的有效范围为发行价的70%~150%，而韦尔转债属于沪市可转债，因此集合竞价范围为70~150元，即集合竞价最高只能达到150元。由于涨幅超过30%，因此韦尔转债直接停牌至14:57。

韦尔转债业绩非常好，处于行业领先地位，由于上市前转股价值很高，且上市首日正股表现很好，低开高走，上午跌超3%，下午翻红，这些因素都为韦尔转债复牌后猛抬价格提供了动力。14:57韦尔转债复牌后，价格一度冲高到230.01元，随后回落并以172.18元收盘，溢价率为18.97%，如图3-6所示。

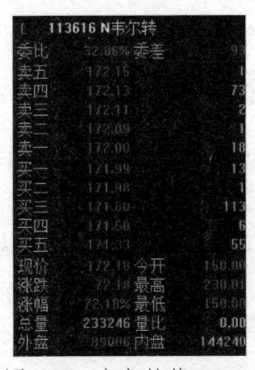

图 3-6 韦尔转债2021年1月22日的盘口

假如对可转债交易规则非常熟悉，那么中签韦尔转债后，完全可以放弃9:15—9:25的集合竞价出货，等到14:57后再择机出货。而如果在集合竞价时能以150元的价格买入韦尔转债，其收益将非常可观。不过，要想做到在集合竞价以 150 元买入并不容易。由于沪市转债的有效报价范围是 70%～150%，因此最高只能报价 150 元买入，如果报价 160 元买入，就会成为废单。

而深市可转债和沪市可转债集合竞价的限价范围又有不同。上市首日，深市可转债开盘集合竞价的有效范围是 70%～130%，即最高只能涨到 130 元。不过，超过 130 元的报单并非废单，会暂存于系统中，9:30 可以进入连续竞价，满足成交条件后依然可以成交。这就要求我们要注意区分一只可转债是沪市可转债还是深市可转债。比如韦尔转债代码为 113616，以 "11" 开头，属于沪市可转债；而如果代码以 "12" 开头，就是深市可转债。

沪市可转债和深市可转债的临时停牌制度有差别。沪市可转债涨跌 20% 均停牌 30 分钟复牌，涨跌 30% 均停牌至 14:57 复牌。不过，沪市可转债和深市可转债的复牌制度有所差别：沪市可转债 14:57—15:00 是连续竞价，而深市可转债 14:57—15:00 为集合竞价。假如可转债上涨 30%，尾盘则会有两次集合竞价：一次是先对停牌期间的报单集合竞价，另一次是进行收盘前集合竞价。

今后肯定还会有其他优质转债，其上市首日的表现或许没有韦尔转债这么突出，但是上市首日停牌的现象还会经常出现，因此投资者可以多了解可转债的停牌、复牌规则及可转债的报价规则，根据行情变化制订自己的交易计划，从而从可转债临时停牌中获利。

第 4 章

可转债打新，低风险与高收益并存

自从可转债开放信用申购以来，由于没有市值要求，越来越多的投资者参与进来，可转债打新人数逐年上升，许多投资者从中获得了不错的收益。相比以前可转债打新鲜为人知的尴尬处境，现在可转债打新一签难求，其热度由此可见一斑。

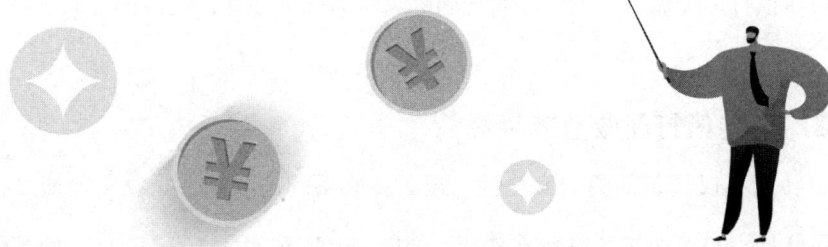

可转债打新的三大优势

所谓可转债打新，实际上说的是可转债的网上申购。对于投资者来说，可转债打新具有三大优势，正是这三大优势促使越来越多的投资者加入可转债打新的队伍中。下面便逐一介绍这三大优势。

1. 可转债打新风险极低

了解可转债打新的人都知道，它几乎是一种完美的低风险投资方式。因为具有债券属性，所以它有一个先天优势——保底。除非上市公司经营不善，破产倒闭，否则几乎不可能损失所有本金。为了保护中小投资者，可转债的发行有严格的准入门槛，不仅要求必须是上市公司，还对上市公司提出各种苛刻的要求。也就是说，可转债的发行规则已经自动帮我们做了一次严格的筛选，只有满足一定条件的上市公司才能成功发行可转债。

不过，这并不是说可转债打新没有任何风险。实际上，可转债打新自申购中签之日到上市首日这段时间的正股波动直接决定了上市首日的价格。比如，这段时间内正股持续下跌，且下跌幅度很大，那么可转债上市首日往往就难逃破发的厄运。不过我们也不用过于担心，因为从历史数据来看，上市首日即破发的可转债毕竟所占比例不多，且亏损有限。涨涨跌跌本就是资本市场的常态，只要可转债打新能做到长期跑赢其他同等风险的投资品种，就值得我们参与。

2. 可转债打新收益率极高

可转债不仅具备债券的安全性，还具备股票的高收益性。纵览往期发行的各只可转债，只要坚持"打新不炒新"的原则，实现年化10%～15%的高收益并非难事。假如投资者学习一些投资技巧，那么取得20%以上的年化收益率也不是不可能。实际上，单看2019年和2020年的表现，单个账户平均收益分别超过5000元和2000元，可转债打新收益率一度超过100%。别小看这个年化收益率，要知道股神巴菲特的平均年化收益率也不过略高于20%。

3. 可转债打新没有市值要求

虽然沪深两市股票打新收益奇高，但是有市值要求。具体规则："申购额度按照T-2日（含）前20个交易日平均持仓市值计算，平均股票市值1万以上配发新股额度。沪深两市分开计算，沪市（不含科创板）每1万元可申购1000股，深市每5000元可申购500股，科创板每5000元可申购500股。"相比股票打新动辄上万的市值要求，可转债打新没有门槛要求，空仓也能参与打新，只需于公布中签次日的规定时间内缴款即可，不中签的空仓状态可以不停申购，直至中签为止。

问答小课堂

上文说2019年单个账户收益超过5000元，2020年单个账户收益超过2000元，既然可转债打新能实现稳稳的收益，那么我能多找一些账户吗？

不可以。2020年3月1日实施的新《证券法》明确规定，不允许借用他人的证券账户，否则严重者可被处以50万元罚款。

怎么开立证券账户

对于投资者来说,在投资可转债的众多方法中,参与可转债打新是风险最低的,并且对资金量没有太大要求,几千元就可以用来做可转债打新。不过,在打新之前,必须开立证券账户。下面我们就以"东方财富股票"软件为例,详细介绍怎样开立证券账户。其他券商大同小异,可以根据自己的需要随意选择。

1. 开户准备

准备好开户者本人的手机、身份证和Ⅰ类银行卡。注意:开户时一定要用Ⅰ类银行卡,否则会导致开户失败。用手机在手机软件商店搜索并下载"东方财富股票"软件,下载完成后安装应用。

2. 注册手机号并填写验证码

打开"东方财富股票"软件后,点击左上角的"开户",如图4-1所示。

图4-1 东方财富股票软件开户界面

首先在开户界面填写本人手机号，获取验证码并在相应位置输入；然后在"本人已阅读并同意《用户服务协议》《东方财富隐私保护指引》"选项栏点击勾选；最后点击"立即开户"，如图4-2所示。

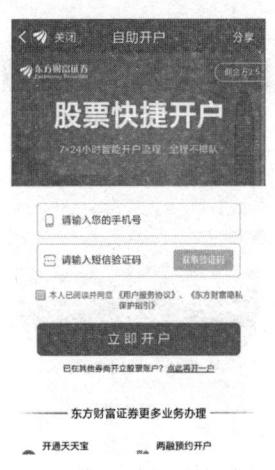

图4-2　填写手机号和验证码

3. 上传身份证

依次上传身份证正反面照片，核对个人信息，如果出现与真实信息不一致的地方，可以手动修改，如图4-3所示。

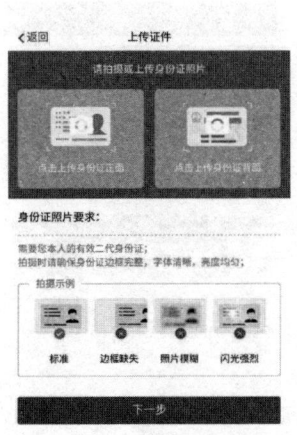

图4-3　上传身份证正反面

4. 设置交易密码并完成风险测评书和回访问卷

仔细浏览下方密码设置规则，根据密码设置规则提示设置交易密码，并用心牢记或用笔记下交易密码。然后根据自己的实际情况认真填写"风险测评书"和"回访问卷"，如图 4-4 所示。

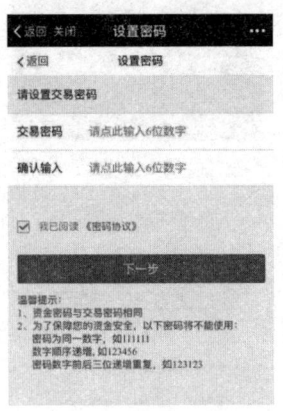

图 4-4　设置交易密码

5. 绑定三方存管银行卡

在"银行卡号"栏输入开户者的 I 类银行卡卡号，在"银行"栏选择对应银行。注意并非所有银行都支持，可以参照图 4-5 所示的银行名称选择银行卡。

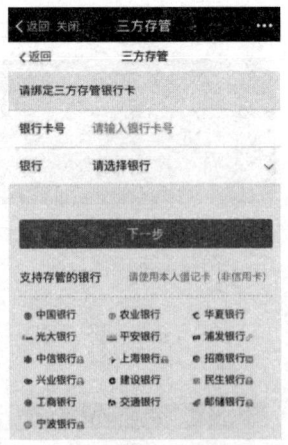

图 4-5　绑定三方存管银行卡

6. 拍摄正面照片

在光线充足的地方拍摄一张本人照片。

7. 录制一段本人的视频并接听回访电话

根据界面提示录制一段本人的视频，等风险提示语音落下后回答"是"即可。录制完视频后，会提醒接听回访电话，注意接听并按照要求回答问题，如图4-6所示。

图4-6　拍摄一张本人照片

8. 等待短信通知

接听完回访电话后，软件会提示："您的开户申请已提交，正在等待审核。"然后，等待短信提示开户成功。开户成功后，开户手机会收到一条短信："尊敬的×××先生/女士，您好！恭喜开户成功！您的资金账号：……"牢记自己的账号，以便登录使用。

问答小课堂

开户有年龄限制吗?我表弟今年17岁,也想做可转债投资,能开户吗?

有年龄限制的,手机开户需要年满18周岁。如果年满16周岁未满18周岁,但有劳动收入,可以带着自己的身份证和收入证明前往附近的营业部柜台开立证券账户。

通过银证转账实现资金灵活调配

所谓银证转账,就是在银行和证券之间进行资金调拨,资金正是通过银证转账进入和退出证券市场。下面从两个方面来介绍银证转账。

1. 银证转账的具体步骤

(1)首先打开证券交易软件,然后登录自己的证券账户。以"东方财富股票"软件为例,登录软件后可以看到"银证转账"选项在界面的左侧,如图 4-7 所示。

图 4-7 "银证转账"所在界面

(2)点击"银证转账"后即可进入银证转账界面。银证转账界面具体可分为"转入"和"转出"两个选项,"转入"是银行卡内的资金转入证券账户中,"转出"是证券账户中的资金转出到银行卡内。

(3)把银行卡内的资金转入证券账户中时,如图 4-8 所示,选择"转入",

输入银行密码和转账金额,点击"确认转入"即可完成。把资金从证券账户转出到银行卡中时,首先选择"转出",再输入转账金额和资金密码,最后点击"确认转出"即可完成。

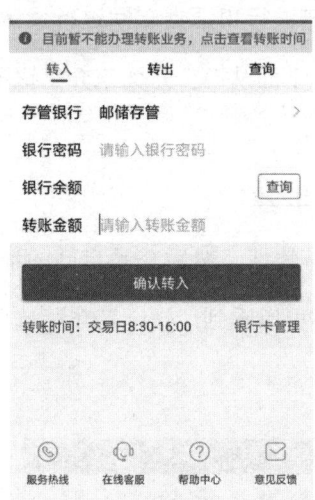

图 4-8　银行卡内的资金转入证券账户的界面

点击银证转账界面右上角的"查询",可以看到"历史转账记录"。点击"历史转账记录"即可清晰地看到以往的转账流水。

2. 银证转账需要注意什么

(1)不同银行支持的可转账时间也不相同,比如平安银行和交通银行若开通 24 小时转账权限,则可转账时间为交易日 24 小时(16:00—20:00 除外),如图 4-9 所示;而建设银行的可转账时间是交易日的 8:20—16:00;招商银行、兴业银行等银行的可转账时间是交易日的 8:30—16:00,如图 4-10 所示。

可转账时间往往是在交易日才可以,其余时间不予以受理。这一点大家一定要知道,提前做好资金安排,避免因不清楚转账时间而错过机会,给自己调拨资金造成不便。

支持24小时转账

银行名称	24小时转账权限	可转账时间
平安银行	未开通	交易日 9:00-16:00
	已开通	交易日24小时 16:00-20:00除外
交通银行	未开通	交易日 8:30-16:00
	已开通	交易日24小时 16:00-20:00除外

图 4-9　支持 24 小时转账的银行

不支持24小时转账

银行名称	可转账时间
建设银行	交易日 8:20-16:00
招商银行、兴业银行、北京银行、光大银行、邮储银行、民生银行、宁波银行、浦发银行、工商银行、南京银行、江苏银行	交易日 8:30-16:00
广发银行	交易日 8:40-16:00
中国银行、农业银行、上海银行、华夏银行、中信银行	交易日 9:00-16:00

图 4-10　不支持 24 小时转账的银行

（2）银证转账激活流程。目前仅浦发银行、平安银行、招商银行在转账前需要从银行端发起激活或转账流程。这里以浦发手机客户端激活步骤为例进行说明：①登录浦发银行 APP；底部导航选择“首页”，功能栏选择“证券期货”；②进入“第三方存管”，选择“东方财富证券”，点击“立即激活”；③输入银行卡交易密码和资金证券密码，点击“激活”。在激活的过程中如有不明白的地方，可以在帮助中心查看具体步骤；依然不明白的，可以联系客服帮助解决，这里不再展开介绍。

问答小课堂

原来必须在交易日才能进行银证转账,怪不得我周末从银行卡内往证券账户中转账无法操作呢!那转账之后什么时间到账呢?

在交易日的规定时间段内转账,只要操作得当,可以实现秒到账,所以到账的时间我们没有展开细说。不过,当日卖出股票或转债所得的这部分资金当日可以再用来买股票或转债,但是要等到第二个交易日才可以转出到银行卡,当天是无法转出的。不少投资者由于不清楚这个问题,经常抱怨证券账户中的钱在交易日的规定时间段内无法转出到银行卡,其实只是不清楚这个规则而已,并不是软件有问题。

优质可转债的筛选

投资任何一种理财产品都有一定的风险，安全性很高的可转债打新也不例外，同样无法做到稳赚不赔。经常做可转债打新的人都知道，可转债打新的风险主要来自新债上市首日破发，即跌破面值100元。比如，英特转债于2021年3月10日上市交易，上市首日破发，每签亏损71.21元。假如单个账户中了两签这只转债，当天就亏损140元左右。

正是因为知道破发现象的存在，所以在打新可转债时，经常有初入市场的投资者忧心忡忡地问："××转债怎么样？可以打吗？不懂怎么分析，只是听×××说可以打……"这就反映出了问题：许多人虽然在做可转债打新，但是长期以来只是听市场消息，让他人的建议支配自己是否打新。

这也难怪，没有进行过系统的学习，必然不懂得怎样筛选出优质的可转债。那么，如何判断新债能不能打？怎么挑选优质的可转债呢？可以从以下五个关键指标来分析。

1. 转股溢价率高低

在决定是否申购一只可转债前，我们会登录证券APP，点击要申购的可转债，进入新债详情界面，在新债详情界面查看它的转股溢价率。对于一只可转债来说，转股溢价率越高，上涨空间就越小；转股溢价率越低，上涨空间就越大。所以，转股溢价率当然是越低越好，一般在5%以下就可以参与，而如果为负值，那就说明该可转债有足够厚的安全垫，一般可以参与打新。

2. 信用评级高低

我们在第1章"可转债的信用评级划分"一节，已经详细介绍了可转债不同等级之间的优劣，可转债的等级越高，代表该可转债越安全。所以，在判断一只可转债是否是优质可转债时，可以看它的信用评级，尽量选择AAA、AA+、AA等级的可转债，评级太低的应慎重申购。

3. 发行规模大小

可转债的发行规模也是一个重要的参考指标。一般情况下，规模越小，上市首日拉高可转债价格越容易，对打新越有利。不过，规模越小，其流动性必然也越弱。一般可转债的发行规模在5亿～10亿元为宜。

4. 对应正股优劣

对应正股的质地直接决定了可转债未来几十天内的表现。如果对应正股的质地好，那么随后几十天的上涨概率就比较大，可转债上市首日盈利的概率也就比较大；如果对应正股的质地一般或较差，那么随后几十天的上涨空间就没有想象力，可转债上市首日破发的风险也就较高。至于怎样判断对应股票是否是优质股票，就非常考验一个人的能力了。一般可以观察它的题材好不好，行业是否优秀。如果一只可转债的发行方是该行业的领军企业，经营发展一直很优秀，一般就可以放心申购。

5. 转股价值高低

所谓转股价值高低，就是该转债转成股票时是升值还是贬值，它也是一个重要的参考指标。转股价值越高，可转债上市首日破发的可能越小。下面是可转债转股价值的具体计算公式：

可转债转股价值 = 可转债票面总金额 ÷ 当前转股价 × 正股现价

一般情况下，如果一只可转债的转股价值在 100 元以上，就可以放心申购。当然，转股价值在 90 ~ 100 元的一般也可以申购。但如果转股价值在 60 ~ 70 元的，就要考虑是否放弃申购了，这种可转债破发风险比较高。

问答小课堂

为了赚点儿钱可真够费劲的，要三头六臂、火眼金睛，这么多指标分析一遍可真不容易，有没有什么捷径？

投资本来就是一件非常辛苦的事情，表面光鲜，背后的付出是看不到的。不过要找捷径的话，其实也不是没有。在可转债打新圈里，有很多优秀的投资者经常会发一些申购指南的文章，不想自己分析的可以直接参考他们给出的申购建议。

可转债的申购流程

申购可转债没有市值要求,即使是刚开通证券账户的人,也可以参与可转债申购。以前未开通创业板和科创板的人,不允许申购创业板和科创板的可转债,而现在创业板和科创板的可转债也能申购,只是不能转股。只有开通了创业板的人,才能把创业板可转债转股;只有开通了科创板的人,才能把科创板的可转债转股(关于创业板和科创板的可转债,我们在后面会详细介绍)。不过,这并不影响未开通创业板和科创板的人做可转债打新,中签后可以卖出,无须转股。下面详细介绍一下可转债的申购流程。

1. 点击"新债申购"

打开券商 APP,在主界面找到"交易"并点击,进入交易界面。找到"新债申购",查看当日是否有新债发行。如图 4-11 所示,显示今日有 2 只新债发行。点击"新债申购"即进入新债申购界面。

图 4-11 交易界面

2. 点击"申购"

在新债申购界面可以看到当日要申购的可转债，在右方点击"申购"即可。如果当日发行的可转债都要申购，可以点击"申购全部新债"，如图4-12所示。

图4-12 新债申购界面

3. 点击"确定"

完成上述步骤后，会弹出如图4-13所示的页面，此时点击"确定"即可。值得注意的是，默认申购数量是10 000张，无须更改，直接选择默认申购数量即可。不少刚做可转债打新的人可能会担心："每张100元，10 000张就是100万元，我没那么多钱怎么办？"于是他们选择申购10张，可是半年过去了，从来没中过签。其实，中签率是极低的，即使申购10 000张，中签10张也是不容易的，所以无须担心。

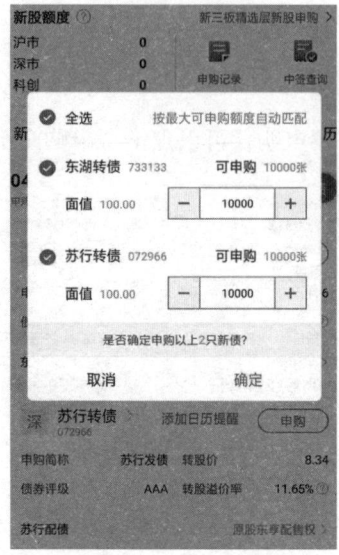

图 4-13 "确定"界面

问答小课堂

我在一家券商开户，可以申购一次，如果在多家券商开户，可以同时申购很多次吗？

不可以，同时在几家券商开户，每家券商都申购，实际上等同于在一家券商开户，其他的无效。所以，做可转债打新，只选择一家券商开户，固定在这家券商打新就好，至于中不中签，那就不是我们能左右的了。

查询可转债中签概率及中签结果

1. 查询起始配号并计算配号范围

申购可转债之后，一般会分到连续的 1000 个配号。如图 4–14 所示，仙乐转债的起始配号是 5024562782，那么得到的 1000 个配号就是 5024562782 ~ 5024563781。可这并不代表已经中签，因为每个账户顶格申购后，都会得到 1000 个配号。至于能否中签，就要等到公布中签之日查看了。如果申购者获取的配号与公布的号码一致，就是中签了。一般而言，在券商软件申购一只可转债后，第二个工作日会公布中签率，第三个工作日会公布中签结果并提醒缴款。

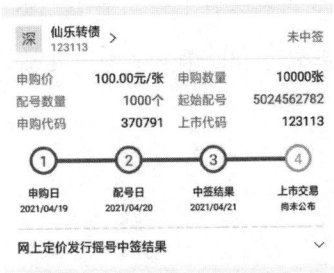

图 4–14　仙乐转债的起始配号

2. 计算可转债中签率

我们可以查询可转债的中签率，以便预估我们打新的可转债中签的机会有多大。图 4–15 所示为部分转债的中签率。我们以旗滨转债为例，它的中签率为 0.0071%，而我们顶格申购获得了 1000 个配号，则中签率为 0.0071% × 1000=7.1%。

新股　新债　待上市　上市表现　发行日历

新股　新债

名称/代码	发行价	上市日	中签率
旗滨转债 113047	100.00	未公布	0.0071%
凤21转债 113623	100.00	未公布	0.0055%
万讯转债 123112	100.00	未公布	0.0024%
东财转3 123111	100.00	未公布	0.0588%
昌红转债 123109	100.00	未公布	0.0045%
九典转债 123110	100.00	未公布	0.0021%
乐普转2 123108	100.00	未公布	0.0173%
杭银转债 110079	100.00	未公布	0.0635%
温氏转债 123107	100.00	未公布	0.0170%
洋丰转债 127031	100.00	未公布	0.0036%

图 4–15　部分可转债的中签率

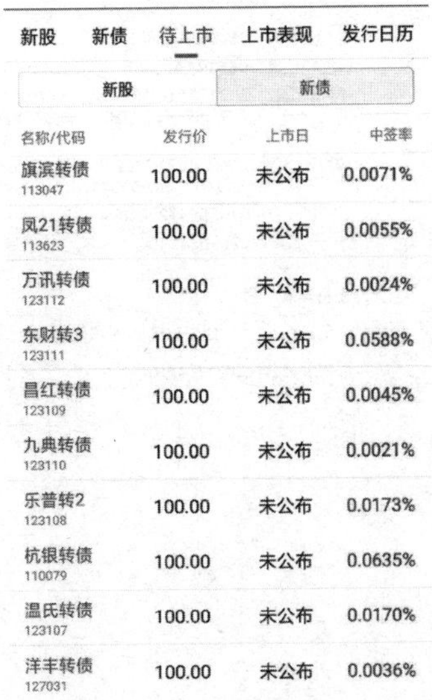

我们用同样的计算方法计算得出，凤 21 转债获配 1000 个配号的中签率为 5.5%；万讯转债获配 1000 个配号的中签率为 2.4%；东财

转 3 获配 1000 个配号的中签率为 58.8%。

3. 查询摇号中签结果

申购可转债后，可以查询摇号中签结果，图 4-16 所示是仙乐转债的摇号中签结果。

东方财富 APP 会提示"预中签""已中签""未中签""已配号"。如果显示"预中签""已中签"，那么准备缴款就行了；而显示"已配号"有可能是还未公布或者没有中签；显示"未中签"是没中签的意思。图 4-17 所示为预中签的乐普转 2 和已中签的温氏转债。

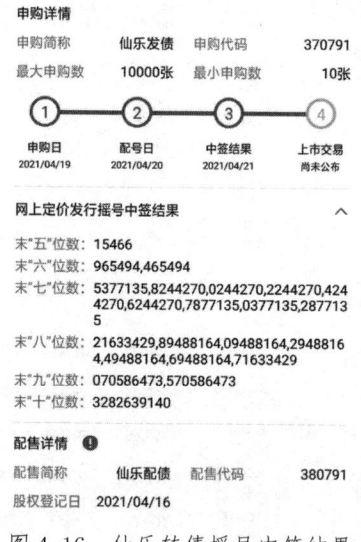

图 4-16　仙乐转债摇号中签结果

图 4-17　预中签的乐普转 2 和已中签的温氏转债

问答小课堂

还要登录证券 APP 查看是否中签呀？真麻烦，不能发个短信提醒吗？

证券公司会发短信提醒，而且会多次提醒，提醒你已经中签，提醒你别忘某个时间前在证券账户预留一定的资金，以便缴款。而登录 APP 查询是否中签也很简单。许多人甚至觉得测算中签率和查询是否中签是一种乐趣，建议尝试一下。

抢权配售做到100%中签率

随着开户人数的不断增多，可转债的中签率也越来越低，有的甚至只有1%左右。许多人坚持打新半年，仍然一签未中，最终丧失信心，不再参与。不过有一个办法可以保证100%中签，那就是抢权配售。简单说就是，在公司发行可转债的时候，当你持有公司股票，那么你就可以按照比例获得优先配售。而且参与配售不影响打新，可以配售和打新同时做。下面介绍一下抢权配售。

1. 抢权配售的风险

做可转债打新原本是一种风险很低的投资方式，可是抢权配售因为要买入对应的正股，所以跟炒股没什么两样。股价很可能大跌，这样抢权配售就变成了高风险的股票投资。

大量数据证明，可转债抢权配售并非轻松获利的投资方式，虽然它能保证100%中签，但是相比正股下跌的亏损，中签可转债赚到的钱微不足道，强权配售很可能偷鸡不成蚀把米。图4-18所示为紫金银行抢权配售的损失情况，损失为8.39%，而其对应的紫金转债上市首日卖出赚到的钱不足以抹平这一亏损。更悲剧的是，有的人由于操作失误，虽然买入了正股，但是转债并未配到。

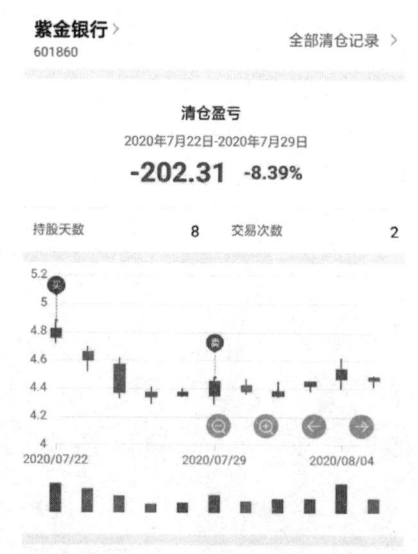

图4-18 紫金银行抢权配售的损失情况

2. 抢权配售规则

我们以正川转债为例，介绍抢权配售规则。正川股份发布公告：

本次发行的可转债向发行人在股权登记日（2021年4月27日，T-1日）收市后登记在册的原股东优先配售，原股东优先配售后余额部分向网上发行。

原股东可优先配售的可转债数量为其在股权登记日（2021年4月27日，T-1日）收市后登记在册的持有发行人股份数，按原股东优先配售比例每股0.002678手计算可配售可转债手数，原股东优先配售，不足1手部分按照精确算法取整，即先按照配售比例和每个账户股数计算出可认购数量的整数部分，对于计算出不足1手的部分（尾数保留三位小数），将所有账户按照尾数从大到小的顺序进位（尾数相同则随机排序），直至每个账户获得的可认购转债加总与原股东可配售总量一致。原股东可根据自身情况自行决定实际认购的可转债数量。

正川转债的申购日、配售认购日期为4月28日，即T日，股权登记日则为4月27日，即T-1日。只要在T-1日收盘之前购入对应的公司股票，就能参与4月28日的正股配售。而4月28日正川转债对应的正股正川股份上午卖出与下午卖出有明显区别，股价走势如图4-19所示。

正川股份虽然上午一直处在跌势，可是下午股价拉升，参与配售正川转债的投资者还是

图4-19 正川股份2021年4月28日股价走势图

有机会卖出的。可是并非每次都这么幸运，多数可转债配售当日其对应正股跌势明显，投资者很容易遭受亏损。

问答小课堂

抢权配售时经常听到"一手党"这个词，请问是什么意思？

为了更好地解释"一手党"，我们以利群转债为例。其对应正股利群股份每股可配售 0.002091 手可转债，即每 500 股可配售 1 手可转债。可是，利群转债配售规则是，配售不足 1 手，但大于 0.5 手的，按 1 手计算，这就使得只需购买 300 股利群股份，就能获配 1 手利群转债。这就是"一手党"。

预估开盘价及博弈首日最高价

经常做可转债打新的人都知道，很多可转债在上市首日的涨跌幅是比较大的，甚至个别可转债在上市首日出现暴涨暴跌的现象。这就需要我们预估开盘价及博弈首日最高价，尽可能以较高的价格卖出持有的可转债。

1. 预估开盘价

要预估开盘价，首先要有这样一个心理认知：大多数可转债的开盘价都是不可预测的，只能预估一个大致的区间。这会导致经常出现预测不准的现象，不过，不妨碍我们预测即将上市的可转债的开盘价。

在可转债上市的前一天，我们可以根据可转债的转股溢价率、对应正股表现、其他同类可转债的价格、原始股东配售率、信用评级、发行规模等因素来预测它的开盘价。

比如盛虹转债，它的正股质地比较好：原始股东配售率是77.63%，发行规模是50亿元，信用评级是AA+级，上市前一天转股溢价率是-7.01%，虽然发行规模50亿元不是个小数目，上市首日存在一定的抛压，但是预测以115～120元的价格开盘，因为规则是涨幅超过20%会停牌30分钟，所以预测盛虹转债上市首日大概率以120元的价格开盘，且停牌30分钟。

可是，等第二天盛虹转债上市时，实际上它以117元的价格开盘，即9:25之前挂单低于开盘价的，集合竞价以117元出，每签获利170元。虽然以117元开盘，但是开盘后盛虹转债的价格很快达到120元并停牌30分钟，每签获利200元。如果提前分析它冲破120元的概率很高，也许就不会集合竞价以117元卖了。

对于大多数可转债，如果持有人决定开盘走，不妨挂比预测价低一些，甚至挂 100 元，这样更容易出。具体操作：可以在 9:15—9:24 观察价格，于 9:25 前挂低一些价格出。而有些转股价值已经在 120～140 元的可转债，如果正股质地好，那么开盘涨 20% 或 30% 的概率会非常高，这时可转债持有人如果想博弈更高的价格，可以拿一拿，开盘先不出。

2. 博弈首日最高价

风险偏好不同，选择自然也不同，担心持有的可转债上市首日即下跌的投资者，可以集合竞价时卖出，无须博弈首日最高价；而追求更高收益，不怕承担上市首日下跌风险的投资者，可以博弈更高价格卖出。

比如前面所说的盛虹转债，它上市首日最高价一度冲破 127 元，这就意味着博弈更高价格的投资者最高可以盈利 270 元以上。而愿意承担更大风险的投资者，看到开盘价 117 元，可能会选择在集合竞价大举买入，博弈最高价 127 元以上卖出。不过，卖在最高点更多的是运气成分，想赚钱的心情可以理解，但是一定要看到风险，所以我们不建议投资者这样做。

有的券商 APP 支持回落卖出，即设置条件单，价格达到某个预期价格后，一旦回落到某个价格，即自动卖出。这是一个不错的选择，避免了可转债回落人工挂单不及时错过高价卖出的机会。有兴趣的投资者可以了解一下。

问答小课堂

学习了如何预估开盘价和博弈首日最高价,还是没掌握如何卖在最高点卖出,有什么方法吗?

肯定有人能做到卖在最高点,可是这里面更多的是运气成分。真正每次都能博弈首日最高价的人是不存在的。预测首日开盘价和博弈最高价只是为了让大家有一个大致的参考范围,不能想当然地认为有人能做到精准预测。

实战案例

傲农转债,测评分析决定是否参与打新

在决定是否参与一只可转债的打新之前,首先要对该可转债进行测评分析,以规避新债上市后破发给自己带来亏损。下面以傲农转债为例,介绍一下怎么对可转债进行测评分析,以决定是否参与打新。

1. 公司介绍

傲农生物成立于 2011 年 4 月 26 日,上市于 2017 年 9 月 1 日。其经营范围:研发生物制品、销售饲料、饲料原料和饲料添加剂;开发动物营养保健品技术;研究畜牧和兽医科学;开发畜禽育种、饲养技术;销售兽药(兽用生物制品除外);收购及销售粮食;养殖、加工和销售畜禽及水产品;开发与应用农业信息技术;互联网信息服务;投资金融业、农业、畜牧业、农副食品加工业、信息技术服务业;自营和代理商品及技术的进出口。

简而言之,傲农生物为农林牧渔业类公司,主要业务是生产并销售饲料,以及生猪养殖。傲农生物连年来加快布局下游产业链,生猪养殖规模逐步扩大。其风险在于,生猪养殖业务受政策、原材料价格等外部环境影响比较大。子公司数量较多,且分散于各地,对公司的管理提出更高的要求。

2. 信用评级

傲农转债的信用评级为 AA 级,评级较高,尚可。

3. 发行规模

傲农转债的发行规模为 10 亿元，在可转债市场中，10 亿元的规模并不算太大，而可转债的规模越大，其流动性越好。

4. 是否设置回售条款

傲农转债设置了有条件回售，回售条件为"在本次发行的可转换公司债券最后两个计息年度，如果公司股票在任何连续 30 个交易日的收盘价格低于当期转股价格的 70% 时"。

5. 下修转股价条件

傲农转债向下修正转股价的条件较为严苛，下修转股价的条件为"当公司股票在任何连续 30 个交易日中至少有 15 个交易日的收盘价低于当期转股价格的 85% 时"。

6. 到期价值

傲农转债的到期价值为：

$$到期价值 = 票面利率 + 赎回价 = 0.3+0.5+1+1.5+1.8+116=121.1（元）$$

相较于其他可转债的到期价值，傲农转债的到期价值较高。

7. 转股价值

傲农生物申购前一日收盘价为 13.44 元，转股价为 14.8 元，则其转股价值为：

$$转股价值 = 转债发行面值 / 转股价 \times 正股价$$
$$= 100/14.8 \times 13.44 \approx 90.81 元$$

对于可转债来说，转股价值越高越好，而傲农转债的转股价格处于中等水平。

8. 募集资金用途

长春傲新农牧发展有限公司的农安1万头母猪场项目，总投资2.35亿元，可转债资金投入1.5亿元；滨州傲农现代农业开发有限公司的滨州傲农种猪繁育基地项目，总投资2.05亿元，可转债资金投入1.33亿元；泰和县富民生态养殖科技有限公司的生猪生态循环养殖小区项目（一期），总投资1.76亿元，可转债资金投入1.42亿元；广西柯新源原种猪有限责任公司的宁武项目，总投资1.2亿元，可转债资金投入8000万元；吉水县傲诚农牧有限公司的生猪生态循环养殖小区，总投资1.6亿元，可转债资金投入1.25亿元；傲华畜牧的1万头商品母猪生态化养殖基地，总投资1.8亿元，可转债资金投入7000万元；偿还银行贷款3亿元。

9. 综合测评

傲农转债当前的转股溢价率为10.12%，综合考虑以上多方面因素，给予傲农转债18%的溢价率，预计开盘价格 = 转股价值 × (1+溢价率) = 90.81 × 1.18 ≈ 107.16元。虽然以当前的转股溢价率来说不会有太大收益，但破发风险相对较低，对收益要求不高且有闲置资金的人可以参与申购。

第 5 章

双低策略等风起，助力可转债"摊大饼"

所谓"双低"，指的是低转债价格和低转股溢价率。可转债的价格低意味着债性强，溢价率低意味着股性强，所以双低策略是一个兼顾债性和股性的平衡性策略。通过双低策略，投资者可以有效降低投资可转债的风险，同时享受股价拉升或转股价下调带来的可转债价格拉升。

可转债的四象限

根据可转债的价格和可转债的转股溢价率两个指标，可以将所有可转债分为四类：低转债价格，低转股溢价率；高转债价格，低转股溢价率；低转债价格，高转股溢价率；高转债价格，高转股溢价率。下面对这四个类型逐一进行介绍。

1. 低转债价格，低转股溢价率

低转债价格代表可转债的债性强，即可转债的防御性较好；低转股溢价率代表可转债的股性强，即可转债价格与股票价格的联动性强。低价格和低溢价率的可转债债性较强，同时防御性较好，是低风险投资者的首选。

当可转债的价格处在低位，同时溢价率也较低时，可转债的债性和股性双强，这是建仓的好机会，风险承受能力较强的投资者此时甚至可以重仓。比如，2021年春节后，可转债市场就处在低价格、低溢价率的阶段，此时面值以下的可转债多达100多只。如果抓住机会建仓甚至重仓，随后的几个月内就会有很高的年化收益率。

2. 高转债价格，低转股溢价率

高转债价格代表可转债的债性弱，即可转债的防御性较差；低转股溢价率代表可转债的股性强，即可转债价格与股票价格的联动性强。当可转债的信用评级较低，或投资者对正股后市预期不乐观时，容易出现低转股溢价率的情况。另外，当可转债进入转股期后，为了促进投资者进行转股操作，可转债通常也会出现低溢价率的情况。不过，这并不代表可转债处于转股期后一定会出现低溢价率的情况。当可转债未转股的余额较少时，也可能出现极高溢价率的情况。比如横河转债，2021年5月21日，其转股溢价率高达356.11%，虽然转股价值只有81.71元，但是价格却高达372.68元。

一旦可转债的价格超过130元并保持一段时间，上市公司将有权强制赎回，因此，此类可转债面临着极大的强赎风险。如果此类可转债突然发布强赎公告，很可能导致正股卖盘增加，正股走弱，进一步连累可转债价格走低。而且极高的溢价率使得转债持有人无法转股，否则会导致损失惨重。因此，当可转债达到强赎条件时，要注意减仓，甚至清仓，以锁定收益，控制风险。

3. 低转债价格，高转股溢价率

低转债价格代表可转债的债性强，即可转债的防御性较好；高转股溢价率代表可转债的股性较弱，即可转债价格与股票价格的联动性较弱。此类可转债转股价值非常低，因此投资者大多不会选择转股。

为了促使投资者转股，当可转债触发下修条款时，上市公司很可能会下修转股价格。一旦下修转股价格并下修到底，那么低转债价格、高转股溢价率的可转债，很可能就转化为低转债价格、低转股溢价率的可转债。所以，也有投资者会在价格较低时买进高转股溢价率的可转债，长期持有，等待上市公司下修转股价格。

4. 高转债价格，高转股溢价率

高转债价格代表可转债的债性弱，即可转债的防御性较差；高转股溢价率代表可转债的股性较弱，即可转债价格与股票价格的联动性较弱。此类可转债的正股一般质地较好，可转债未来有很大可能强赎，因此，高转债价格与高转股溢价率的可转债风险极大，单日涨跌幅甚至超过正股，风险承受能力较弱的投资者应尽量远离。

此类可转债往往是资金炒作或市场情绪普遍向好催生的,一旦炒作资金获利离场或市场情绪降温,很可能会在短时间内下跌,而且跌幅较大,所以投资此类可转债面临着极高的风险,很可能损失惨重。

问答小课堂

我的风险承受能力较低,是不是低转债价格与低转股溢价率的可转债更适合我呢?

无论风险承受能力高低,都建议在适当时机选择低转债价格、低转股溢价率的可转债建仓,这类可转债有债性托底,大亏的可能性小;同时有较强的股性,收益率较高。可转债投资要做到低风险,不然跟购买股票没什么两样了。

组建一揽子标的组合

双低策略是否有效，关键在于一个环节——组建一揽子标的组合。假如没有组建一揽子标的组合，而是将所有资金都投入其中一只双低可转债上，那么双低策略就会失效，甚至会面临极大的风险。下面讲解为何要组建一揽子标的组合，以及怎样选择双低转债。

1. 为何要组建一揽子标的组合

组建一揽子标的组合，目的是通过"摊大饼"来降低风险。所谓"摊大饼"，就是同时选择多个标的，分散投资。

虽然双低可转债的价格低、溢价率低，但是押注某一只可转债难以保证一定获利，毕竟可转债与正股高度相关，一旦正股表现不佳，对应的可转债也会面临不涨反跌的风险，甚至会出现违约风险。所以，投资者可以选择10~20只双低转债来组建一揽子标的组合，即使有的可转债表现不佳，至少也有涨得好的，从而整体获得一个平均收益。

2. 怎样选择双低转债

市场上的可转债那么多，要选出双低转债绝非易事，不过筛选双低转债有一个计算公式，利用这个公式能很快计算出每一只双低可转债的双低值。

$$双低值 = 转债现价 + (转股溢价率 \times 100)$$

通过这个公式，可以计算出市场上所有双低可转债的双低值，并把双低值进行排序,然后根据排序选择投资标的,组建一揽子标的组合。通过组建一揽子标的组合,投资者能有效避免单只可转债爆雷带来灭顶之灾,同时不错过正股上涨时可转债跟着上涨的行情,可谓攻守兼备。

如果投资者没时间和精力计算可转债的双低值,也可以参考一些财经网站上已经列出的双低值来组建自己的双低组合。例如集思录网站就是一个不错的平台,许多可转债投资者都习惯参考集思录网站中的可转债双低排序来组建自己的标的组合。

不过,双低可转债的排序并非一成不变,而是跟随行情的变化不断发生变化的,这就要求投资者要定期调整自己的投资标的,把双低值稍高的可转债清仓,然后买入双低值稍低的可转债。

问答小课堂

组建一揽子标的组合时,为什么最好选择转股溢价率比较低的,尤其是转股溢价率为负值的标的?

因为转股溢价率低的可转债,其价格与对应正股股价的联动性较强,一旦股价拉升,可转债就有很大的上升潜力,很可能会随着正股股价的上涨而上涨;相反,假如可转债的溢价率高,则可转债的价格与对应正股股价的联动性就弱,可转债的上升潜力就小,正股拉升时可转债的价格未必随着拉升。

做好仓位管理是重中之重

许多投资者都有这样的疑惑：我发现一只质地非常好的可转债，难道不能把所有仓位都集中到这一只吗？显然不可以，满仓一只可转债可能一时获胜，但投资者可能存在盲点，一时没有发现这只可转债的风险点，一旦决策失误，亏损也必然很大。

对于缺乏经验的普通投资者来说，分散投资是规避风险的最好投资方式。因为任何投资都具有不确定性，重仓某一只或某几只可转债的风险都是极大的。所以做好仓位管理，在投资中是非常重要的。那么怎样做好仓位管理呢？接下来从两个方面来谈一谈。

1. 控制单只可转债的仓位

投资可转债"摊大饼"一般要持有20只左右可转债，而可转债投资的最小单位是1手，1手资金1000元左右，20只约2万元。假如你的投资为2万元，只需要按双低值排列，按顺序选出双低值较低的20只可转债，每只可转债都买入1手；假如你的投资为20万元，也可以按顺序选出双低值较低的20只可转债，每只可转债都买入10手，即每只可转债控制在5%以内。

当然，可转债的数量可以灵活调整，资金少不够买入20只的，也可以选10只；资金多的，也可以选几十只；有的投资者由于资金雄厚，甚至选择50只双低可转债进行"摊大饼"。

"摊大饼"的关键在于不可重仓持有单一可转债，这样就算某只可转债大跌，由于所占仓位有限，那么亏损也是有限的，对整个组合的影响不大。不过，这建立在不会发生大面积违约的前提下，否则"摊大饼"也难以抵抗风险。

2. 控制可转债的总仓位

"摊大饼"不仅要控制单只可转债的仓位，控制可转债的总仓位也很重要，即在某一时间点，控制持有的可转债的所占仓位。可以根据可转债的价格区间来调整仓位，比如把可转债的价格区间分为高价区、平价区和低价区。划分好不同区间后，可以进行以下操作。

（1）在高价区适当建仓，比如持仓 20% ~ 30%。

（2）在平价区加仓，比如持仓 40% ~ 60%。

（3）在低价区重仓，比如持仓 80% ~ 100%。

要判断当前可转债处于哪个价格区间，可以通过观察中证转债指数当前的位置来判断，也可以观察 100 元以下可转债所占的比例。比如，当 100 元以下可转债所占的比例很高时，说明当前可转债整体处在低价区，此时如果没有系统性风险，就要敢于加仓甚至重仓，这样当后期可转债价值回归时才能有所收获。

问答小课堂

建仓、加仓、重仓有明确的指标吗？我感觉还是掌握不好。

我们每个人对收益率的心理预期都不同，承受风险的能力也不同，所以没有一个适用于所有人的指标。新入市的投资者不要着急建仓、加仓、重仓，可以先观察成熟投资者是如何建仓、加仓、重仓的，通过模仿和学习逐步建立自己的交易系统；然后认真分析自己对收益率的心理预期，测试自己承受风险的能力；再根据自己的实际情况制定属于自己的建仓、加仓、重仓指标。

通过止盈策略锁定收益

经常投资可转债的人都知道，许多可转债的价格不是慢慢拉升，而是经常出现瞬间拉到高位的现象，然后又迅速回落。出现这种现象的原因有两点：其一，可转债属于T+0交易，当日买入后可当日卖出，短线交易者较多；其二，可转债相对股票属于小众投资标的，成交量有限，无须太多资金即可瞬间拉抬其价格。

双低策略实施后，可耐心持有可转债，等待风起，即可转债价格拉升。一旦可转债价格拉升，就要考虑止盈策略，锁定收益，落袋为安。可转债有以下几种止盈策略，都比较实用。

1. 回落卖出止盈策略

回落卖出止盈策略是一种非常实用的止盈方法，可以帮助投资者高位逃顶，卖在相对高的位置。让我们来看一下什么是回落卖出止盈策略，以及如何实施回落卖出止盈策略。

所谓回落卖出止盈策略，就是当可转债的价格拉升到一定位置后，开始出现回落现象，但是后市仍有获取额外上涨收益的空间。此时，如果投资者想要锁定盈利，同时又不错过后市上涨获得更多收益，便可以根据自己的预期价位来设置一个条件单。比如，当可转债价格超过130元时，一旦价格回落至128元，即卖出持有的全部可转债。在实施回落卖出止盈策略时，也可以运用恒定百分比止盈法，比如设置回撤2%或3%即止盈。运用这种方法，可以有效防止过早卖出导致错失后面上涨的利润。

在实施这种方法时，人工盯盘难免浪费精力，也难以做到精准逃顶，不妨设置条件单，比如运用华宝证券 APP，在智投首页点击"新建条件单"，在"全部"中找到"回落卖出"来设置回落卖出条件单。设置好触发条件与要实施条件单的对应可转债，即可在触发止盈条件后自动交易，从而省去不少盯盘的精力。

2. 价格达到强赎价无脑止盈策略

谁也无法准确预测一只可转债在存续期内最高能涨至多少元，既然无法给出准确数值，那就在强赎价无脑止盈，这样也能有不错的收益。比如，如果一只可转债的强赎价格是 120 元，那么就可以在价格达到 120 元时无脑止盈；而如果可转债的强赎价格是 130 元，那么就可以在价格达到 130 元时无脑止盈。结合可转债的历史表现，假如以 100 元的价格买入可转债，那么大多数都能达到 130 元的价格，此时收益率高达 30%。

不过，价格达到强赎价无脑止盈有一个很大的缺点：投资者止盈卖出持有的全部可转债后，后续价格可能继续上涨，甚至涨幅还不小，此时投资者已经清仓，自然与后续收益无缘了。

3. 分批止盈策略

可转债的价格经常冲到 130 元以上，而 130 元并不是可转债所能达到的最高价，它实际能冲到 160 元，甚至 200 元。如果在可转债达到 130 元时即全部止盈，到后期价格冲到 200 元时，心情一定会很糟。为了防止出现这种局面，可以采用分批止盈法，比如当可转债的价格冲高到 130 元时卖出 20% 仓位；冲高到 150 元时再卖出 20% 仓位；冲高到 170 元时再卖出 20% 仓位；冲高到 190 元时再卖出 20% 仓位；冲高到 210 元时清空剩余的 20% 仓位。这种方法能有效防止在 130 元时"卖飞"，可以让我们获得更多收益。

不过，这种方法有一个缺点，即并非所有可转债都能达到很高的价格，一旦无法冲破150元甚至更高价格，则意味着持有的可转债大部分仓位都无法落袋为安。所以，采用分批止盈策略要慎重，要有一定的风险承受能力，更不可太贪心。

问答小课堂

看了上面几种止盈方法，感觉好纠结啊！究竟要选用哪种止盈方法呢？

采用哪种方法没有一定之规，要根据每个人的风险承受能力与操作风格来定。风险承受能力低的投资者，可以在强赎价就全部清仓止盈；风险承受能力高的投资者，可以在强赎价以上设置分批止盈点，分数次卖出持有的可转债。回落卖出止盈策略也是一种不错的止盈方法，设置条件单可以让投资者省去不少盯盘的精力。

以双低轮动策略调仓换债

所谓双低轮动策略，是指买入低价格、低溢价率的可转债，定期进行轮动操作。这种策略的收益很不错，长期跑赢沪深 300。而且遇到熊市下跌时，这种策略的回撤幅度也比较小，相对沪深 300 要更安全。正是由于收益高、回撤幅度小的优点，才使得这种策略受到许多投资者的追捧。下面从双低轮动策略适合的人群、双低轮动策略具体的操作流程，以及双低轮动策略的注意事项三个方面来详细介绍。

1. 双低轮动策略适合的人群

许多不错的投资策略都有它特定的适用人群，而并非所有人都适合。这就像同一种投资策略，有的人用了能赚钱，而有的人用了却赔钱。双低轮动策略也有它特定的适用人群，比如每天工作很忙，没有时间盯盘的上班族，就比较适合使用双低轮动策略。因为这种策略无须关注短期的涨跌，只要每一两周抽出一点儿时间进行轮动就行了，可谓省时、省力、省心。而习惯频繁操作的投资者，则不适用这种方法，因为此类投资者缺乏持仓等待的耐心，很难做到每一两周才盯一次盘。

2. 双低轮动策略具体的操作流程

实施双低轮动策略的投资者可以每周在特定时间轮动一次，或者每 10 个自然日轮动一次，遇到周末或节假日就顺延到最近的一个工作日。对于具体的轮动时间，投资者可以根据自己的习惯灵活调整。

每个轮动日，投资者可以按照可转债的双低值从低到高依次进行排序，剔除排名较高者,同时买入同等数量的排名较低者。至于每只可转债持有多少张,投资人可以根据自己的资金量来安排投资比例。

投资者持仓的可转债数量可以长期控制在20只左右,具体的持仓数量可以根据市场行情的变化来灵活调整。比如,当可转债市场明显低估,大多数可转债都处在双低的位置时,投资者完全可以增加可转债的数量和仓位;而当可转债市场明显高估,只有个别可转债处在双低的位置时,投资者就要减少可转债的数量和仓位。

3. 双低轮动策略的注意事项

双低轮动策略虽然省时、省心、省力,但也不能毫无原则地买入。使用这种策略要进行必要的筛选,而不是哪只可转债价格低就买哪只。

双低轮动策略靠的是组合盈利,因此要控制单只可转债的持仓比例,不可重仓甚至满仓某一只可转债。比如,建仓了20只可转债,那么最好把每只可转债的持仓比例控制在5%,不可因为特别看好某一只可转债,就把它的持仓比例提高到50%,甚至更高。

此外,还要精选持仓的可转债,比如选择正股题材丰富、潜力较大的可转债,选择下调过转股价的可转债,或者选择规模比较小的可转债。

另外,因为双低轮动策略大部分时间都是重仓甚至满仓,所以一定要关注大盘行情。假如发现大盘明显估值太高,则不宜重仓甚至满仓双低可转债,否则一旦崩盘,就会受到正股下跌的牵连。

问答小课堂

除了文中所列出的注意事项外,选择双低可转债还有什么注意事项吗?

还有许多注意事项,比如可转债的到期收益率、回售价格、下修意愿,以及对应正股的现价、是否有大股东减持、当前估值水平、偿债能力、是否有退市风险等。

双低策略的缺点

前文介绍了许多双低策略的优点，这一节重点说一说它的缺点。因为任何投资策略都是一把双刃剑，双低策略也不例外。具体而言，双低策略有以下几个缺点需要投资者重点关注。

1. 无法享受优质公司股价持续拉升的收益

许多优质公司的股价可能会持续拉升，比如东方财富就是一家优质公司，它发行的可转债在上市之初，我们就预测它在未来会大概率以强赎退出。也就是说，这类可转债早晚会强赎，投资者只需要多些耐心。而双低策略只能锁定强赎前的收益，一旦可转债强赎退出，而正股继续拉升，这段收益投资者是无法享受的。即使正股持续拉升的确定性很高，投资者面对发出的强赎公告，也不得不选择清仓可转债或者进行转股操作，否则就要面对公司以极低的价格强行赎回投资者手中的所有可转债。

2. 无法避开违约风险

随着注册制改革，股市的退市制度越来越严格，未来很可能出现可转债违约的情况。虽然双低策略能获得不错的收益，但是这要建立在可转债不违约的基础之上。一旦可转债出现违约，投资者不仅无法获得收益，还会损失本金。这也是我们一再强调要"摊大饼"的原因，只有把资金分配于不同的可转债，才能降低某只可转债出现违约给自己带来重大损失的风险。

3. 在单边下跌行情下会失效

假如股市进入单边下跌行情，双低策略很可能也不具备债性保护，甚至会跌很多，即在单边下跌行情下双低策略会失效。因为在单边下跌行情下，双低策略所持有的双低转债会逐渐变成低价格、高溢价率转债，脱离双低的指标。此时，如果投资者选择卖出，则直接亏损；继续持有，则持有的就是低价格、高溢价率转债。而如果投资者选择调仓换债，则要承担清仓可转债的损失，而且这时调仓换债很可能把已经跌到位的可转债卖出，却买入还没有跌到位的双低可转债。随着单边下跌行情的延续，新调入的双低转债也跌入低价格、高溢价率的区间，再次面临尴尬的处境。

4. 双低策略一概而论有失偏颇

我们知道可转债对应的正股各不相同，很可能来自不同的行业，质地优劣也各不相同，所以可转债的波动大小跟正股的质地密切相关，而双低策略忽略了这些因素，仅考虑转股溢价率和价格因素，将所有可转债一概而论，必然会有失偏颇。投资者仅考虑双低策略，不考虑正股的质地，很可能会受双低策略的误导，买入质地较差的可转债，错过质地较好的可转债。

5. 卖出指标模糊

在配置可转债时，可以根据双低值挑选排名靠前的可转债，并将其纳入投资组合，这样"摊大饼"指标就会比较明确。可是，等价格上涨时，何时卖出可转债却没有一个明确的指标。不能根据双低值卖出排名靠后的可转债，也不能简单地将价格限定在130元的强赎价，因为这两个指标都与可转债的规律不相符。这是因为许多可转债对应的正股都是有周期性的，很可能还未进入双低值排名靠后的区间，就又进入了双低值排名靠前的区间；而130元强赎价更是一个模糊的指标，持有的可转债什么时候达到 130 元，能不能达到 130 元，这些都是不确定因素。

问答小课堂

既然双低策略有这么多缺点，那为什么说它是一种非常好的投资策略呢？它的风险一点儿也不低呀？

投资总要承担风险，这是在所难免的。我们说双低策略适合普通投资者，不是说它毫无风险，而是说它相比其他策略风险更低。试想一下：配置高价格、高溢价率的可转债与配置低价格、低溢价率的可转债相比，哪个风险更低？所以，双低策略的缺点不影响它是一种非常好的投资策略，普通投资者可以优先考虑双低策略来实现自己的收益率目标。

实战案例

鸿达转债，优质的双低标的

选择双低可转债时，我们不可能把市场上所有的可转债都一一了解一遍，因为市场的可转债总共有几百只，普通的投资者不可能有精力去一一研究。下面我们介绍一下怎么选择优质的双低标的，并以鸿达转债为例来说明为什么认定它为优质的双低标的。

作为普通投资者，如果没有精力去计算哪只可转债是双低转债，可以登录集思录网站查询，在可转债界面选择"双低"，即可把所有可转债进行排序，可以从大到小或从小到大灵活选择。

因为可转债的价格在每个交易日都发生变化，所以它的双低值也在不断发生变化，即可转债的双低值并不是固定不变的，这个交易日双低值排名第一的是鸿达转债，下个交易日双低值排名第一的可能就是其他可转债，比如可能是文科转债，也可能是靖远转债，或者是洪涛转债。

前文已经说过，投资双低转债时，并不是只投资其中一只，而是要分散风险，不把鸡蛋放在一个篮子里。通过集思录网站我们能看到，截至 2021 年 6 月 18 日，双低值排名前十的为鸿达转债、文科转债、靖远转债、洪涛转债、嘉泽转债、孚日转债、东湖转债、利群转债、起帆转债、海亮转债。对于资金量有限并且希望通过"摊大饼"来分散风险的投资者来说，选择这几只就够了。

不过，对于风险厌恶者来说，是不是满足双低指标就可以纳入麾下呢？当然不是。可转债的未来表现与正股的走势密切相关，因此并不是满足双低值就可以不用分析正股的未来走势如何。虽然我们没有预判正股未来走势的能力，但是可以通过正股的各种资料对其有一个大致的了解。下面以鸿达转债为例，来介绍一下能不能将其纳入麾下。

判断一只可转债的优劣时，首先要看它对应的正股基本面如何，通过排除业绩不好的公司，来避免风险。如果一家公司始终处于亏损状态，偿债压力比较大，或者虽然处于盈利状态，但是产品结构单一，公司主要业绩过于依赖某几个合作伙伴，就要慎重选择，宁可错杀，也要尽量规避风险。

另外，由于传统行业的正股股价上升的空间有限，所以可以选择朝阳行业的公司，这样的公司发行的可转债价格更容易拉升。图 5-1 所示的是鸿达兴业 2021 年一季报，据此我们可以对鸿达转债做出判断。

对于正股的研判，还有许多地方需要一一研究，比如运营资金是否雄厚，经营性现金流是多少，主营产品当前是否受市场的欢迎，净资产是多少，刚性债务是多少，毛利润是多少，等等。不过，即使投资者有能力对正股的质地做出正确的分析，也不要孤注一掷地把所有的钱都投在一只可转债上。对正股缺乏分析能力的投资者，更要选择"摊大饼"的方式来分散投资风险，而不能把资金押注在某一只可转债上。

图 5-1 鸿达兴业 2021 年一季报

第6章

眼明心快看得远，
可转债实用博弈策略

投资可转债的方式有很多，有的稳健，有的激进，运用得当都有不错的收益。通过综合运用各种博弈策略，可转债投资者可以提升收益。不过，凡是博弈策略皆有风险，投资者务必要认清博弈风险，根据自身的风险承受能力灵活选用不同的博弈策略。

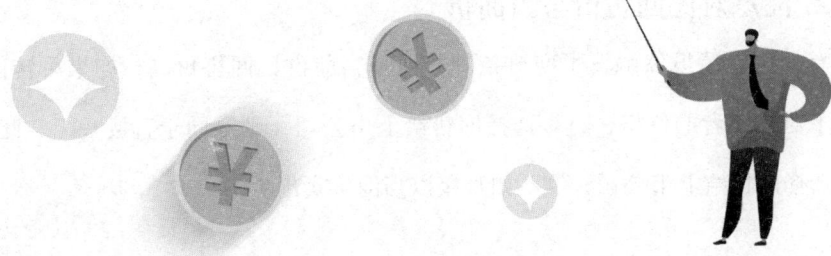

回售博弈策略，低于回售价考虑买入

上市公司发行可转债肯定不是为了回售，因为一旦回售，上市公司就要花大量资金从投资者手中买回可转债。可以说，回售是可转债持有人的权利，是对可转债持有人的保护。虽然为了不出现回售，可转债发行人约定了下修转股价和回售期，但是当正股持续下跌触发回售条款时，可转债持有人即可将手中的可转债卖给发行人。

投资者可以熟悉回售条款，在可转债低于回售价时考虑买入，等待回售。不过，在操作的过程中，投资者一定要注意以下四点。

1. 注意可转债的回售期

是否只要正股价值低于回售价，可转债持有人就可以把可转债回售给上市公司呢？并非如此，可转债是有回售期的，只有在回售期内才能进行回售操作。比如万顺转2的回售条款这样规定："本次发行的可转债最后两个计息年度内，如果公司股票在任何连续30个交易日的收盘价低于当期转股价格的70%时，本次可转债持有人有权将其持有的可转换公司债券全部或部分按债券面值加上当期应计利息的价格回售给公司。"

2. 注意对比回售价与当前价

有的可转债虽然触发了回售条款，但是当前价比回售价高，如果可转债持有人不对比二者的价格，直接选择回售给上市公司，则等同于直接亏损。此时，与其选择回售给上市公司，倒不如直接以当前价卖出。

3. 考虑时间成本

一般情况下，如果一只可转债进入了回售期，其跌破回售价的现象是很少出现的，即使跌破回售价，回售期的价格与回售价也不会相差太远，否则就会有大量资金买入套利。所以，回售博弈要在回售期之前操作，只有提前操作，回售期到来时才能获得更多收益。不过，一定要考虑好时间成本，计算好距离回售期还有多长时间，以及能从中获得的预期收益率。如果发现资金占用时间过长，而预期收益率还没有定期存款高，那就没必要冒这个风险了。

4. 剔除风险过大的标的

虽然实施回售博弈策略会有一定的风险，但可以通过筛选标的来降低风险。如果明知道上市公司存在信用风险，对应正股有很大可能退市，还选择买入其可转债实施回售博弈策略，那风险就太大了。所以，在选择标的时，一定要对发行可转债的上市公司有所了解，避免"入坑"。许多新手为了在触发回售条款时获得更高收益，往往选择价格最低的可转债，却不知价格最低的可转债很可能存在问题，比如发行方亏损严重，很可能资不抵债。

问答小课堂

除了文中所讲的，还有其他触发回售条款的情况吗？

有的，可转债在发行时会列明募集资金用途，如果后续变更资金用途，也会触发回售条款，此时投资者一样可以把手中的可转债回售给上市公司。不过，大多数可转债虽然触发了回售条款，并不会真的引发回售，因为它们的价格往往高于回售价格，此时选择回售给上市公司并不是一个明智的选择。

强赎博弈策略，耐心持有等待强赎

有两种情况会触发强赎条款：正股价格上涨，超过转股价30%且持续一段时间；可转债未转股余额不足3000万元。从可转债的历史表现来看，正股价触发强赎的情况非常普遍，这就为我们提供了绝佳的投资机会。有经验的投资者经常会耐心持有几只可转债，等待强赎公告发出后卖出可转债或转换为股票，从而获得预期内的收益。不过，进行强赎博弈一定要注意以下四点。

1. 强赎时间不确定

虽然许多投资者都知道一只可转债最终可能会强赎，但是并不知道它什么时候会强赎，最后由于没有耐心等待，放弃了长期持有可转债。其实理由很简单，假如一只可转债在第四年至第六年的某个年度内强赎，那么算下来收益并不是很高，这是许多投资者所无法忍受的。因为这不仅意味着平均年化收益率不及预期，还意味着要浪费许多精力关注该可转债。

那么，从可转债的历史情况来看，大部分可转债在上市的1~2年内就会强赎，只有个别可转债会在最后两年才强赎。所以投资者只要不是把全部资金锁定在一两只可转债上，就不会损失大部分本金。投资者可以通过分散持有十几只，甚至几十只可转债的方法来降低风险，从而保证持有的大多数可转债最终迎来强赎。

2. 强赎收益率不确定

许多人认为可转债强赎意味着可转债从100元涨到130元，从而有30%的收益。其实，这样理解并不正确，因为从可转债的往期表现来看，许多可转债在发布强赎公告时,其价格都会超过130元,甚至远远高于130元,这就意味着投资者能从中获得更高的收益。假如投资者能在合适的价位买入可转债,博弈强赎,其收益率是相当可观的,且确定性很高。

3. 选择强赎意愿强烈的公司

如果公司已经下调转股价,那么很可能该公司强赎的意愿就比较强烈,在接下来的存续期内很可能继续下调转股价直至下修到底,促使可转债的价格涨至130元及以上。而那些召开股东大会提议下修表决未通过的公司,强赎的意愿就不强烈,投资者在选择标的时可以将其剔除。不过,并非所有下调转股价的公司都是强赎意愿强烈的公司,有的公司虽然下调转股价,但只是象征性地微调,此类可转债也可以剔除。

是否下修转股价仅是其中一个参考指标,不能作为选择标的的唯一依据。有的公司虽然不下修转股价,但是其正股优质,未来强赎的概率非常高,此类公司发行的可转债也是一个不错的投资标的。尤其是那些已经发行过一次甚至两次可转债并顺利实现强赎的上市公司,如果它们再发行可转债,则强赎的概率会很高,此时可以考虑将其作为标的。

4. 博弈强赎也要做好仓位管理

确定好标的之后,不可一次性建仓,而要分批次建仓,并耐心持有。虽然可转债有债底和看涨期权的双重属性,但是也有一定的风险,因此投资者要做好仓位管理。具体而言,可以通过同时选择多个标的建立投资组合,而不可孤注一掷地把所有资金都投到一只可转债上;通过控制可转债总投资占比做好风险管控,比如只拿出总资产的10%作为可转债投资专属资金,不可把所有资金都投到可转债上。

问答小课堂

如果特别看好某只可转债,预感它在未来一定会强赎,为什么不能把握机会追加资金,并认准这一只可转债投资呢?

在投资可转债的过程中,一定不要有这种侥幸心理,不要觉得自己看好的可转债一定会按照自己的心理预期发展,我们普通投资者不具备这种未卜先知的能力,哪怕专业投资者也不能保证看好的可转债一定会强赎。做可转债投资,对可转债市场一定要心存敬畏,控制单只可转债占用的资金比例是为了防范判断失误给自己带来毁灭性的风险,多选几只可转债是为了避免只投一只可转债,最后却出现爆雷的悲剧。

下修博弈策略，找出下修意愿强烈的公司

通过前文我们已经知道，虽然上市公司有权对可转债进行下修转股价，但这要经过股东大会同意，如果股东大会未通过下修议案，则下修失败。也就是说，下修是上市公司的权利，而非义务，主动权掌握在上市公司手里。因此，在实施下修博弈策略时，要注意以下五点。

1. 筛选下修意愿强烈的投资标的

虽然有的可转债并没有回售压力，但是依然坚决地选择下修，甚至在可转债还没有进入转股期时就迫不及待地宣布下修并下修到底。此类上市公司通过下修到底向投资者传达出这样一个信息：我们会竭尽所能让投资者把可转债转换成股票。

2. 把大股东清仓与否作为判断指标

我们知道，持有可转债的大股东无权在可转债下修议案的股东大会上投票，因此，许多大股东为了获得投票权，会在股东大会审议下修议案前清仓持有的可转债。因此，在股东大会审议下修议案前，投资者可以观察大股东是否清仓手中的可转债，将其作为判断上市公司下修转股价意愿强烈与否的指标。

3. 通过大股东配售比例来判断

如果大股东配售可转债的比例较高，并且可转债在上市后价格长期低于100元，上市公司下修转股价的意愿往往就会非常强烈，以帮助大股东解套。因此，投资者可以筛选出大股东配售比例较高的可转债，将其作为判断上市公司下修

转股价意愿强烈与否的指标,投资此类可转债,未来下修的概率就会相对较高,风险也就相对较低。

4. 通过未转股债券总额来判断

假如市场上还留存着大量可转债,上市公司就会通过下修来推动投资者转股,因为上市公司发行可转债就是为了把债主变成股东,而不是到期支付现金。假如市场上未转股的可转债所剩不多,上市公司就没有下修可转债的必要了,此类可转债对应的上市公司很可能下修意愿不强烈,可以将其剔除。

5. 通过利率高低来判断

可转债的利率实行累进利率,一般前四年利率比较低,第五年和第六年利率就比较高了。而且不同的可转债利率也不同。那些利率设置得比较高的上市公司推动投资人将可转债转换成股票的意愿会相对强烈一些,因此利率设置得较高的可转债下修的可能性更大,投资者可以将其作为标的。

问答小课堂

对上市公司来说,下修转股价能把债主变成股东,那为什么股东大会表决有的会不同意下修呢?

因为当正股下跌过多时，一旦下修转股价，可转债就会大量转股，从而影响股东的利益，所以未持有可转债的股东很可能不同意下修转股价。而持有可转债的股东虽然支持下修，却没有表决权，这也是为了保障未持有可转债股东的利益。

转股博弈策略，持债转股带来的机会与风险

当可转债到了转股期时，投资者可以购买可转债，并将其转换成股票，以从中套利。这种套利方法操作简单，但是机会与风险并存，投资者在转股套利时一定要注意控制风险。具体风险有以下几点。

1. 没注意溢价率过高

当可转债到了转股期时，较低溢价率甚至负溢价率往往会消失，许多都处在高溢价率的状态，如果投资者转股套利时没注意溢价率过高，很可能转股即亏损。因此，投资者选择标的时，首先要选择转股溢价率为负值的可转债，这样才存在套利机会。如果可转债的溢价率已经很高，那么转股博弈策略就会失效，是不存在转股套利机会的。

2. 没注意转股期

我们已经知道，可转债是有转股期的，不在转股期的可转债不能进行转股操作。在转股博弈时，许多投资者看到溢价率为负值，于是就重仓买入，本打算转股套利，却发现买入的可转债不在转股期，结果损失惨重。实际上，只有当可转债处于非转股期时，溢价率才有可能出现较大的负值，否则转股期内溢价率出现较大负值，自然有大量资金买入转股。

3. 转股次日正股下跌

当日买入可转债后，虽然可以申请转股，但是转股次日才能分得股票，分得股票后当日才可以卖出，这就意味着进行转股套利的投资者不得不承担转股

次日正股下跌的风险。也就是说，可转债的转股规则决定了转股套利并不是毫无风险的，而是要承担正股的波动风险。

4. 没注意强赎

处在转股期的可转债，虽然有可能溢价率为负值，且正股次日下跌可能性较小，但是一样存在巨大风险。比如可转债价格较高，正股价已经持续一段时间高于转股价格的 30%，而且上市公司已经发出强赎公告。当出现这种情况时，投资者就不能只关注溢价率和正股质地，还要关注强赎公告，此时发行人有权利以较低的价格强制买回投资者手中的全部可转债。所以，实施转股博弈策略时，要把触及强赎线的可转债标的剔除。

问答小课堂

可转债是不是一定要转股呢？可不可以直接卖掉？

当然可以直接卖掉，可转债是 T+0 交易，买卖自由。持有可转债不一定非要转股，转股只是其中的一个选项而已，直接卖掉也是可以的。至于是否转股，要根据转股溢价率来决定，有利则转股，无利则不转股。

低溢价率策略，预留足够厚的安全垫

通过观察可转债市场发现，可转债的转股溢价率通常为正值，为负值的情况很少出现，这是因为可转债的信息是透明的，一旦出现低溢价率，则套利大军很快就会蜂拥而至，从而抹平负溢价率。

市场上可转债的转股溢价率一般在 30% 左右，具体情况会随着可转债行情的变化而变化。投资者在选择投资标的时，可以尽量选择溢价率比较低的，比如 20% 以下的可转债就是不错的选择。此类可转债一旦正股上涨，价格就会大概率跟随上涨；正股下跌，价格却未必会下跌多少，因为此类可转债的安全垫比较厚。

在观察可转债的溢价率时，要注意避开以下三种可转债。

1. 即将进入赎回期的可转债

即将进入赎回期的可转债，其价格与转股溢价率的关联性失效，更多考虑的是纯债价值，所以观察可转债的溢价率不适用于即将进入赎回期的可转债。投资者如果不关注可转债是否即将进入赎回期，仅仅通过溢价率为负值就贸然买进，则可能会带来损失。

2. 已经发布强赎公告的可转债

已经发布强赎公告的可转债，其价格会与转股价值逐渐趋向统一，转股溢价率会被抹平，所以，如果一只可转债已经发布强赎公告，则投资者就不能通过其转股溢价率指标来决断是否买入。

3. 公司出现问题的可转债

如果可转债的发行方明显出现问题，比如正股面临退市、信用评级较低等，投资者就要注意避开，否则后期正股持续下跌也可能导致可转债价格下跌。

即使出现转股溢价率为负值的情况，投资者也要明白为什么会出现这种情况，是不是正股质地太差，投资者对正股走势不看好，或者可转债尚未进入转股期，投资者没有转股套利的机会。

在选择低溢价率的可转债时，如果发现信用评级比较高的可转债，比如AAA级可转债，可以重点考虑配置。不过，如果从炒作可转债的角度考虑，则配置信用评级较低的可转债才是大多数人的选择。市场上许多资金更愿意炒作信用评级较低的可转债，这可能是因为信用评级较低的可转债的票面利息稍低，不受投资者青睐。

问答小课堂

买入低溢价率的可转债是为了正股上涨时，可转债的价格跟着上涨，那是不是说只要正股上涨，可转债的涨幅一定跟正股一致呢？

不能这样说，无论溢价率有多低，可转债的涨幅跟正股涨幅一致的概率都是非常低的，我们只能说溢价率低的可转债与正股联动性更强，至于涨幅是否保持一致，这个就不好说了。投资可转债也许没有正股那样的涨幅，但是有债性托底，安全性更高，所以不要为了更高涨幅而把可转债转成股票。

实战案例

中钢转债，溢价率适合套利却未到转股期

中钢转债发行于 2021 年 4 月 23 日，对应正股为中钢国际，所属行业为建筑业，有节能环保、3D 打印、国企改革、口罩、医废处理、碳交易、低碳冶金等概念。

中钢转债的转股价为 5.89 元，债券评级为 AA+ 级，属于深市可转债。如果不考虑转股期，只看中钢转债的溢价率，截至 2021 年 6 月 18 日，其转股价值为 159.42 元，收盘价为 146.20 元，溢价率为 -8.29%，非常适合转股套利，如图 6-1 所示。

为什么中钢转债的转股溢价率为负值呢？这是因为其正股中钢国际自 2021 年 5 月 11 日起股价持续下行，投资人不看好正股的后期表现，因此没有给予中钢转债很高的溢价率。如果中钢转债处在转股期，就是不错的套利机会，投资者可以大量买入并转股，在第二个交易日卖出股票获利。许多刚入门的投资者发现中钢转债溢价率为 -8.29% 后，很可能由于不清楚规则而重仓买入，结果发现无法转股。

图 6-1 中钢转债 2021 年 6 月 18 日的溢价率

而有经验的投资者看到负溢价率后一定会先观察它的转股期，比如中钢转债的转股期为 2021 年 9 月 27 日，在未到转股期前，转债溢价率为 -8.29% 并没有多大意义，是无法进行转股套利的。

可转债一般要上市 6 个月后才能转股，在进入转股期前，经常会出现负溢价，虽然看着令人心动，但没有实质意义。如果不看好正股未来的走势，不打算长期持有可转债，就要谨慎购买。尤其是价格在 130 元以上的可转债，比面值附近的可转债风险更大。也许之后其价格会进一步拉升，又或许其价格进一步下跌，正股未来走势充满不确定性，中钢转债的走势自然也充满不确定性。

类似的可转债还有许多，投资者在投资之前一定要查看其转股期，不能看到溢价率为负值就不管不顾地买入，否则跟买入正股没什么区别，是赚是赔完全要看正股的走势，套利博弈的策略也就失效了。

另外，即使进入了转股期，且可转债的溢价率为负值，也不能贸然"上车"，因为转股套利要承担次日股价波动的风险，如果股价下跌幅度超过安全垫的厚度，一样要面临亏损。所以，溢价率为负值未必就能 100% 套利成功，也有可能出现亏损。

第 7 章
心理因素决定收益率，内心波动才是劲敌

> 投资者的非理性的情绪很容易影响其交易行为，心理因素直接决定了投资者的交易策略是否有效。要想让自己的投资策略始终有效、交易行为更加理性，投资者就要调整自己的心理。

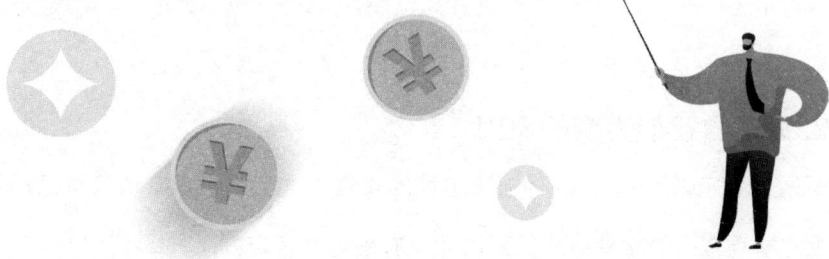

不要超出自己的能力圈

股神巴菲特说:"投资的关键是确定自己的能力范围,并注意保留一定的误差范围,只在能力范围内行事。而且必须承认,有些事情我们是无法准确预测的。你不可能玩任何游戏都赢,因为很多事情是你无法确定的,在这种情况下,我宁可等待那些有把握的机会出现。然而,当你没有100%的把握时,各种机会却会不断地在你面前闪现。"

不要超出自己的能力圈,这是投资中最重要的事,如果投资者没有这样的认识,那么可能会损失惨重。下面来认识一下超出自己的能力圈对投资者的影响。

1. 超出自己能力圈的表现

经常有人不断地追逐热点,昨天做医药类转债,今天做券商类转债,明天做钢材类转债,结果哪个题材都拿不住,哪个领域都没有沉淀,永远都是急于求成,表现得焦虑而浮躁。

在投资转债的过程中,会发现经常出现一些短时间暴涨的可转债,甚至几天就能翻倍。此时许多投资者经常拍着大腿说:"真不该这么早清仓,说什么130元清仓落袋为安,现在好了,都涨到280元了。说什么都晚了,赶紧买才是真的,肯定还能涨。"结果此类投资者高位接盘,最后损失惨重,割肉离场。

2. 超出自己能力圈的原因

所谓"欲速则不达",这种缺乏定性的投资方式实则是没有认清自己的能力圈,没有建立自己的交易系统,所以才没有确定的投资方向。

超出自己能力圈的投资者经常表现得焦虑、浮躁，其根本原因可能是对投资预期收益率要求过高，缺乏准确的认知，所以才表现得反反复复，频繁进行交易。投资最重要的就是要认清自己的能力圈，在自己的能力圈内进行力所能及的交易，并通过不断的学习来拓展自己的能力圈，而不是不断地跳出自己的能力圈，"在针尖上跳舞"。

有些钱是我们赚不了的，因为已经超出了我们的能力圈，不要眼红高收益的可转债，守住自己的能力圈才是一个成熟投资者该做的事。

3. 超出自己能力圈的危害

许多投资新手对居高不下的可转债价格缺乏认知，认为动不动几十个点的涨跌幅十分适合用来做 T+0 交易，于是盯盘做短线交易。此类投资者无视短线操作的风险，只看到短期获利的机会，却没看到许多可转债的转股溢价率已经高达 100%，甚至 300%，早已经触发了强赎条款。当公司发布强赎公告时，持仓资金疯狂出逃，极高的转股溢价率很快被抹平，投资者此时骑虎难下，无论是否转股，都损失惨重。如图 7-1 所示，横河转债的溢价率高达 286.36%。

图 7-1　横河转债的溢价率

还有一些投资者听闻某只可转债对应的正股放出利好消息，预计后期会有不错的表现，加上连日来正股持续拉升，于是不顾控制仓位的重要性，拿所有资金买进一只可转债，结果判断失误，给自己带来巨大亏损。

这些都是超出自己能力圈的危害，一旦发生巨大亏损，想要回本遥遥无期。

问答小课堂

读了本小节的内容，我已经意识到守住自己能力圈的重要性，可还是无法找到自己的能力圈，怎么办呢？

意识到守住自己能力圈的重要性已经难能可贵，许多人还意识不到这一点。人最难的是认识自己，投资也不例外，最难的也是找到自己的能力圈。没有投资可转债经验的人，可以通过小资金参与来不断试错，慢慢找出适合自己的投资方式，建立一套适合自己的交易体系。

追涨杀跌套牢是必然

许多不知可转债风险的投资者经常犯的一个错误是追涨杀跌。经常刚追涨某只可转债，其价格就迅速下跌，结果被套住；刚割掉某只可转债，其价格就迅速拉升，结果踏空严重，投资热情受到打击。虽然无数次交易记录表明自己不适合这种交易方式，但是投资者依然乐此不疲。这是为什么呢？下面解读一下这种行为是怎么产生的，以便帮助大家避开追涨杀跌的坑。

1. 追涨源于贪婪

人性往往是贪婪的，在投资的过程中，正是贪婪推动着我们不断追涨。比如，当可转债价格是100元时，我们怀疑它没有投资价值，不愿进场；当它的价格涨到130元时，我们开始心动，觉得它还有上涨空间，于是小仓位进场；当它的价格涨到160元时，我们开始兴奋，觉得它未来潜力无限，于是重仓。之所以出现这种盲目追涨的行为，不是因为我们认识不到风险的存在，而是因为我们认为还有更多赚钱的可能，自己不会是最后的接盘侠。此时，我们总愿意相信市场上传出的一些动听的故事，喜欢拿一些童话故事骗自己，就是不愿意相信自己已经处在巨大的旋涡之中。

一旦可转债的价格超出了其合理的价格区间，就会面临回调的风险；而如果可转债的价格严重偏离实际价值，就会给投资者带来灾难性的损失。在泡沫还未破灭之前，所有投资者都享受着击鼓传花游戏的乐趣，而一旦有人开始觉醒并离场，价格将迅速下跌，最后自己被套牢。

2. 杀跌源于恐惧

许多投资者不愿意承认自己割肉离场是不理智的行为,他们总能找出各种割肉离场的原因,比如"正股一直跌,已经处在长期下滑通道""大股东减持,价格肯定还会继续跌""资本市场整体行情不好,未来堪忧"。

投资者对未知的东西总是充满恐惧,却不知"利空出尽是利好"的现象,即当所有人都担心的东西已经成为众所周知的确定性事件时,反而可以趁着可转债价格大幅下跌时进场。相比在高位接盘,在可转债大幅下跌时进场风险相对较小,未来一旦利空出尽,正股价值回归,可转债的价格很可能迎来一波反弹。

但是投资者不相信反弹会出现,只会认为可转债会一直跌下去,是看不到希望的,于是疯狂抛售所持有的可转债,继续追高下一只看好的高价格、高溢价率可转债。

没错,许多人亏损都是因为追涨杀跌行为,而追涨杀跌行为源于贪婪和恐惧。我在投资可转债的过程中,也经常追涨杀跌,怎么才能改掉这个坏习惯呢?

要想改掉追涨杀跌的坏习惯,就要多学习可转债的知识,对可转债有一个客观的认识,投资时有合理的收益预期,并耐心持有,克制自己的贪婪和恐惧心理。通过这种方式,我们慢慢就能掌握可转债的各种规则,调整好投资心态,改掉追涨杀跌的坏习惯。

听到"鬼故事"要气定神闲

2018年是可转债的"冬天",一大批可转债上市首日即跌破发行价,中签率明显提升,许多投资者中签后选择弃购。于是许多投资者开始恐惧,害怕公司破产,害怕流动性危机,害怕金融危机,害怕系统性风险,害怕经历漫长的熊市,于是人人恐惧,"鬼故事"到处流传。

而随后可转债的市场表现证明,这一切担心都是多余的。可转债普遍下跌的时候,正是投资可转债的绝佳机会,价格低意味着到期收益率高,加上正股价值回归后,可转债拥有看涨期权的属性,长期持有只输时间不输收益。于是,当初被"鬼故事"吓得清仓离场的投资者充满遗憾,悔不该错过投资可转债的大好机会。

2020年11月,永城煤电控股集团有限公司因未能按期兑付超短期融资券到期应付本息,构成实质违约,涉及本息金额高达10.32亿元。国企AAA评级债券出现违约,打破了投资者"国企AAA级债券不会违约"的信仰,引发可转债市场,尤其是低价可转债市场的剧烈波动。因为纯债价值是可转债的债底,信用债大规模违约引发了市场对低价可转债信用风险的担忧。

于是一石激起千层浪,引发了连锁反应:2020年11月底,跌破面值的可转债突破10只;2020年12月底,跌破面值的可转债超过50只;2021年1月底,跌破面值的可转债超过110只;2021年2月初,跌破面值的可转债超过160只,如图7-2至图7-5所示。

可转债市场顿时哀鸿遍野,一时间"鬼故事"四起。然而同样的故事有不同的结局,一些有经验的投资者把握此次机会进场,在"鬼故事"中"吃"了一波价值回归的收益。面对"鬼故事",以下两点建议比较适合投资者。

名称	最新↑	涨幅	涨跌
亚药转债 128062	70.007	-6.68%	-5.013
广汇转债 110072	77.47	-2.32%	-1.84
本钢转债 127018	78.050	-2.29%	-1.830
国城转债 127019	80.150	-2.03%	-1.657
维格转债 113527	82.20	-0.62%	-0.51
鸿达转债 128085	83.340	2.13%	1.737
孚日转债 128087	85.450	-0.30%	-0.253
天创转债 113589	85.61	-1.25%	-1.08
城地转债 113596	88.47	-1.35%	-1.21
新星转债 113600	88.87	-0.98%	-0.88
岭南转债 128044	88.880	-1.34%	-1.208
科达转债 113569	89.26	-1.78%	-1.62
永安转债 113609	90.45	-1.55%	-1.42

图 7-2 暴跌的可转债市场之一

名称	最新↑	涨幅	涨跌
翔鹭转债 128072	93.902	-1.08%	-1.023
众信转债 128022	93.970	-0.07%	-0.070
大业转债 113535	94.02	0.01%	0.01
强力转债 123076	94.230	-3.72%	-3.640
万顺转2 123085	94.400	0.30%	0.279
佳力转债 113597	94.46	-1.04%	-0.99
海波转债 123080	94.586	-0.59%	-0.564
全筑转债 113578	94.65	-1.37%	-1.31
岩土转债 128037	94.800	-1.27%	-1.220
德尔转债 123011	94.801	-0.63%	-0.599
金轮转债 128076	94.857	-0.48%	-0.453
华森转债 128069	95.211	-0.46%	-0.440
迪贝转债 113546	95.26	-1.10%	-1.06

图 7-3 暴跌的可转债市场之二

名称	最新↑	涨幅	涨跌
大丰转债 113530	97.20	0.21%	0.20
明电转债 123087	97.200	-0.76%	-0.749
鼎胜转债 113534	97.52	-1.28%	-1.26
鲁泰转债 127016	97.696	-0.19%	-0.189
润建转债 128140	97.699	-1.11%	-1.101
精达转债 110074	97.79	-0.38%	-0.37
百达转债 113570	98.10	-1.51%	-1.50
嘉泽转债 113039	98.13	-1.67%	-1.67
海澜转债 110045	98.15	-0.66%	-0.65
洪涛转债 128013	98.153	-0.48%	-0.473

图 7-4 暴跌的可转债市场之三

名称	最新↑	涨幅	涨跌
113036	99.66	0.45%	0.45
翔港转债 113566	99.66	-9.43%	-10.38
时达转债 128018	99.680	-0.52%	-0.520
创维转债 127013	99.683	-1.60%	-1.617
未来转债 128063	99.697	-0.35%	-0.349
灵康转债 113610	99.88	-1.22%	-1.23
华锋转债 128082	99.987	-0.92%	-0.929
汉得转债 123077	100.048	-0.08%	-0.082
贵广转债 110052	100.05	-0.01%	-0.01
华源转债 128063	100.050	-0.83%	-0.840
博世转债 123010	100.099	-0.70%	-0.701
天壕转债 123092	100.332	0.18%	0.180
超声转债 127026	100.500	-1.78%	-1.820

图 7-5 暴跌的可转债市场之四

1. 气定神闲大胆持有

从2020年末到2021年初的这波下跌，经历过2018年的投资者应该已经非常熟悉。"可转债价格之所以这么低，是因为对应的正股太垃圾，根本还不起钱。""可转债发行太多了，存量资金就这么多，分到每一只可转债上的参与资金自然不会太多了。""可转债不存在债底了，最惨的结果是违约，一分都不剩。""现在实行注册制，可转债的投资逻辑已经发生了变化，不能再像以前那样投资可转债了，用以前的思维投资可转债，肯定会吃大亏，这次价格估计是真的起不来了。"……当熊市再次到来时，"鬼故事"在可转债市场上又一次传播开来，投资者听了难免内心不安。

但是仅仅几个月时间，可转债开始慢慢回暖，价值再一次回归。未来会发生什么？肯定还会有熊市，还会有"鬼故事"，相信经历过这两次可转债的起起伏伏后，投资者应该能总结出一个经验："气定神闲大胆持有！"

2. 留足资金随时补仓

当下一次可转债的价格下跌时，投资者会纠结："2018年最低的时候是什么情况？2021年最低的时候是什么情况？现在是什么情况？到没到抄底的时候呀？"底在哪儿？没人能给出准确的答案，因为底是不可预测的。

不过，我们能推测出一个大致的区间，当许多可转债都跌破面值时，当"鬼故事"又一次四起时，即便底还没到来，也可以进场了。只是，进场的资金要控制好仓位，不要抱着抄底的心态把所有资金都投进去，而是要留足资金以便随时补仓。可以像基金定投那样慢慢补仓：首次下跌，进场一部分资金作为底仓；再往下跌，再进场一部分资金进行补仓；还往下跌，继续拿出长期不用的钱进行补仓。然后，耐心持有，捂着耳朵，任"鬼故事"四处传播。只要你手中留有足够的资金随时可以补仓，只要系统性风险不出现，只要可转债不出现大规模违约，就没什么好担心的。

问答小课堂

当"鬼故事"四处传播的时候,也就到了可转债播种的季节,可是我估计自己还是不敢进场,因为担心可转债违约,未来可转债会违约吗?

到目前为止,还没有出现过可转债违约的现象,不过过往历史不代表未来表现,今后可转债是否会有违约现象,这个还真不好说。但是,就算有一两只可转债违约,对投资者造成的损失也是有限的,毕竟我们不是把所有资金都投资到一两只可转债上。只要可转债不发生大规模违约现象,就不用有这方面的担心。

做 T 心理不适合可转债投资

缺乏经验的可转债投资者不宜经常做 T（在可转债价格冲高时卖出，回落时再接回同等数量的可转债），因为很难做到低买高卖，最终反而会推高投资成本。不过，投资者往往都有低买高卖的心理，都希望通过做 T 降低成本，以获得更高收益。为了让大家打消做 T 的心理，下面从两个方面说一说为什么做 T 反而会推高投资成本。

1. 可转债有时会脱离正股

投资者做 T 时总是认为可转债的表现与正股高度相关，于是紧盯正股的表现，一旦正股拉升，可转债价格滞后，就认为是投资可转债做 T 的好机会，于是急忙买入可转债。谁曾想，虽然正股价格拉升了不少，甚至拉至涨停，可是可转债的价格却没有异动，甚至转而下行。这种现象在可转债的投资过程中经常会出现，颇令投资者不解："不是说正股拉升，可转债的价格也会随着拉升吗？怎么正股拉升，可转债的价格反而下跌了？"

其实，可转债价格跟着正股拉升上涨的思维有些固化了，没人规定可转债一定要跟正股联动。正股拉升时，可转债价格不升反跌，可能是投资者不看好正股后期的表现，认为正股会于近日内大概率下跌，或者觉得可转债的价格已经很高，转股溢价率也超出了合理的价值区间，于是对可转债心存疑虑，可转债的价格自然也就上不去。

2. 单边市场做 T 反而因小失大

假如是震荡市场，那么做 T 的确合适，因为此时可转债起起伏伏呈波浪线，低买高卖成功率还是比较高的。不过，如果是单边市，做 T 就危险了。

比如，在单边上涨市场，以每张 129 元的价格买入 10 张某只可转债，等到每张 130 元时又卖了，想以更低的价格接回来，结果可转债的价格随即上涨到每张 135 元，于是你看着不断上涨的价格，忍不住又以每张 135 元的高价再次进场，又以每张 136 元的价格卖出，准备在价格回落时接回来，可是它的价格依然单边上涨。这种做 T 行为从 129 元到 130 元，又从 135 元到 136 元，看似是每张赚了 2 元，实则错过了从 130 元到 136 元每张赚 6 元的机会。

再比如，如果是单边下跌市场，以每张 120 元的价格买入一只可转债，每张 122 元卖了，每张赚 2 元，又以每张 119 元买入，每张 120 卖了，每张赚 1 元，于是你忍不住在 118 元时重仓，结果可转债瞬间跳水到 110 元，每张损失 8 元，由于重仓而损失惨重。即便后期可转债大涨，你也很难有信心继续持有。

如此看来，单边上涨行情和单边下跌行情对做 T 都是不利的，反倒不如不做 T，保持信心持有，不贪婪，不恐惧，任其价格涨跌起伏，只有价格波动幅度过大，达到目标区间时才考虑止盈或补仓。

3. 做 T 要不停地盯盘

许多投资者由于工作原因不能一直盯盘，哪怕行情震荡适合做 T，也根本没有时间一直做 T。就算行情适合做 T，且有做 T 的时间，可也总不能每天盯盘。为了节省一点儿成本而频繁做 T，投资资金多、成功率高还好，牺牲时间还算值得；投资少、成功率低就太不划算了，毕竟"千金难买寸光阴"，时间比金钱更加珍贵。

问答小课堂

我反倒觉得做T没什么不好的,在可转债拉升时卖出,在可转债价格回落时接回,只要卖出和接回的数量一样不就行了吗?

没错,这样的确可以拉低成本,不过这种做法有些理想化了,实际操作中很可能看到价格回落猛补仓,回本立即卖出。因为你看到回落时肯定会想通过重仓来博弈,寄希望于价格拉升时获取更多收益。

抱着侥幸心理终会一场空

做可转债投资，运用好常规的策略就能获得不错的收益，千万不要抱着赌徒心理，希望通过全仓某一只可转债一夜暴富。抱着侥幸心理投资可转债的人，也许一两次能获得不错的收益，远超自己的心理预期，可是长期频繁操作，必然会以失败告终，因为只要出现几次判断失误，就会给自己带来巨大的损失。比如下面两种盲目投资行为都是侥幸心理在作祟。

1. 盲目跟风导致资金腰斩

横河转债曾连续几个交易日暴涨超过133%，受其影响，可转债炒作情绪很高。比如，2020年8月10日，沪深两市出现因涨幅过大临时停牌的可转债高达11只，当日涨幅超过10%的可转债高达16只；8月11日，横河转债涨幅超过17%，其他可转债也不甘示弱，继续跟涨。一时间，投资高价格、高溢价率的可转债似乎成了一夜暴富的绝佳途径。

然而，连涨几日实现价格翻倍的横河转债，其对应正股竟然是下跌的。截至8月11日收盘，价格大涨的可转债中对应正股竟然有50%以上都是下跌的。而一般的理解是，正股大幅上涨，可转债才会跟着上涨，此类可转债明显有资金炒作，不符合常理。此时多只可转债已经发布强赎公告，再选择高价格、高溢价率的可转债作为标的将面临被强赎的结局，其风险极大。

可是，许多人跟风追高，丝毫不顾高价格、高溢价率的可转债潜藏的巨大风险。无论这些投资者最终从这些可转债上是赚得盆满钵满还是亏得欲哭无泪，以后都不宜再参与此类可转债的炒作，因为这种跟风炒作丧失理智，太过盲目。投资不该无视风险，只想着高收益，否则一旦风险来临，重仓参与此类可转债的投资者很可能无法承受其亏损。

2. 盲目自信导致深度套牢

在炒作可转债时,许多炒作资金专门拉流通盘较小的可转债。很多暴涨的可转债的债券余额都不足 1 亿元,而涨幅较大的横河转债的债券余额甚至不足 4000 万元。

发现这一规律后,不少投资者开始变得盲目自信,以为自己发现了财富密码,仿佛轻轻松松就能打开金库的大门。于是,他们将低价格、低溢价率的可转债全部清仓,买入债券余额不足 1 亿元的可转债。正当他们满怀希望时,此类可转债突然大跌,单日跌幅近 50%,参与投机的人的财富直接缩水一半。我们都知道,当亏损 50% 时,后期要涨 100% 才能回本,回本希望之渺茫可想而知。

问答小课堂

既然高价格、高溢价率的可转债风险这么大,那为什么这么多人孜孜不倦地投资此类可转债呢?一些经验丰富的投资者也参与其中,难道也是不懂其中的风险吗?

其实参与此类可转债的投资者仅有个别人不懂其中的风险,大多数是"明知山有虎,偏向虎山行"。他们知道这是击鼓传花游戏,但是侥幸心理促使他们相信自己不会是最后接盘的人。可是,现实是残酷的,他们最终成了接盘侠。

实战案例

英科转债,拿得住方能获得超额收益

英科医疗发行的英科转债于 2019 年 9 月 10 日在深交所上市。假如中一签英科转债,一直持有,截至 2021 年 6 月 1 日,其间最高价格达到每张 3618.188 元,一签获利超过 3.5 万元,创造了可转债单签获利最高的神话,被誉为"债中茅台"。英科转债价格走势如图 7-6 所示。

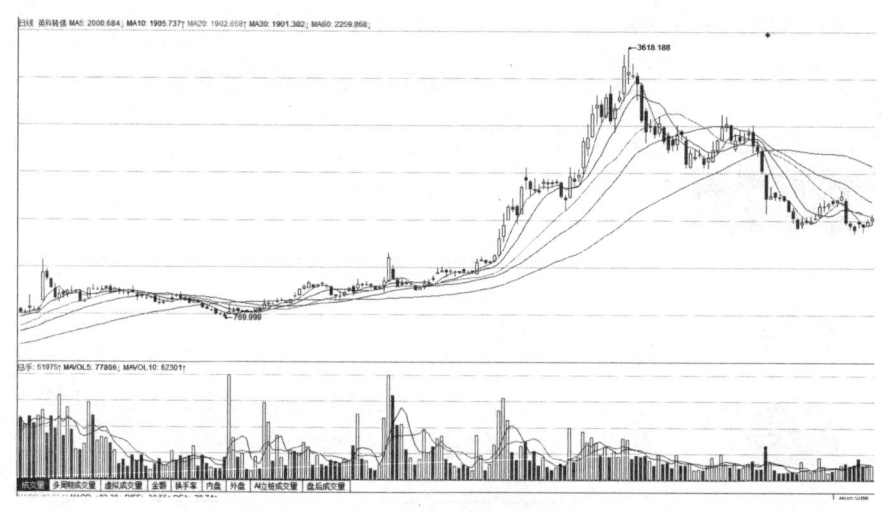

图 7-6 英科转债价格走势

英科转债的价格能够飞涨,跟正股英科医疗的股价持续暴涨关系密切。英科医疗是一家从事一次性医疗耗材和医疗耐用设备生产的制造商,主要产品有一次性手套、轮椅、冷热敷、电极片等多种类型的护理产品。新冠疫情暴发后,公司的业绩突飞猛进,其中以一次性手套为主的医疗防护类产品营收最多,高达 2019 年总营收的 84.94%。英科医疗在发布的 2020 年半年报中说,预计上半

年盈利区间在 19 亿~21 亿元，相比去年同期增长 2581.8%~2864.1%。作为抗疫概念医疗手套的龙头股，英科医疗的强势令人惊叹，上半年利润 20 亿元，同比增长近 30 倍。

我们都知道，可转债价格超过 130 元一段时间，满足强赎条款后，公司有权提前赎回可转债。英科转债如此强势，自然早已触发强赎条款。不过，英科医疗于 2021 年 5 月 28 日发布提示性公告，称公司不提前赎回英科转债。提示性公告内容节选如下：

1. 公司股票自 2021 年 5 月 7 日至 2021 年 5 月 27 日期间已触发"英科转债"的赎回条款。公司本次不行使"英科转债"的提前赎回权利，不提前赎回"英科转债"。

2. 2021 年 6 月 3 日前，如公司触发"英科转债"的赎回条款，均不行使"英科转债"的提前赎回权利。

经中国证券监督管理委员会"证监许可〔2019〕1183 号"文核准，英科医疗科技股份有限公司（以下简称"公司"）于 2019 年 8 月 16 日公开发行了 470 万张可转换公司债券，每张面值 100 元，发行总额 4.70 亿元。

经深圳证券交易所"深证上〔2019〕525 号"文同意，公司 4.70 亿元可转换公司债券于 2019 年 9 月 10 日起在深交所挂牌交易，债券简称"英科转债"，债券代码"123029"。

根据公司《创业板公开发行可转换公司债券募集说明书》规定："在转股期内，当下述情形的任意一种出现时，公司有权决定按照以债券面值加当期应计利息的价格赎回全部或部分未转股的可转债：1）在转股期内，如果公司股票在任意连续 30 个交易日中至少 15 个交易日的收盘价格不低于当期转股价格的130%（含130%）；2）当本次发行的可转债未转股余额不足3000万元时。"

公司股票2021年5月7日至2021年5月27日期间，满足连续30个交易日中至少有15个交易日收盘价格不低于"英科转债"当期转股价格8.32元/股的130%，即10.82元/股。

公司于2021年4月22日召开第二届董事会第四十七次会议审议通过了《关于公司不提前赎回"英科转债"的议案》，决定在2021年5月4日至2021年6月3日期间，"英科转债"在触发赎回条款时，均不行使该权利，不提前赎回"英科转债"。

……

这则公告给英科转债的投资者吃了一颗定心丸，也使得英科转债将作为"可转债之王"载入史册。相信刚上市就卖出英科转债的交易者看到其价格飞涨到每张3618.188元，心中一定五味杂陈。

不过，要指出一点，谁都无法预判未来，如果能预判未来，那为什么不在英科转债上市时把所有资金都用于购买英科转债呢？如此看来，能拿到最高点卖出英科转债固然可喜，拿不住英科转债提前出局的人也无须遗憾。只需明白，可转债的价格与正股的价格很多时候都紧密相关，在选择投资标的时一定要多关注正股的趋势。

另外，风险承受能力强的投资者，遇到正股强势的可转债，可以不用急着出场，调整好心态长期持有或许更有利。不过，长期持有一定要经常关注正股趋势与强赎公告，毕竟并非每一只可转债触发强赎条款后都会发布不强赎公告。

第 8 章

专业人士帮你理财，省心又省力的可转债基金

专业的事交给专业的人，永远是正确的选择。普通投资者没有可转债基金经理的专业知识，也没有他们那样海量的信息支持，因此，投资可转债基金，可以让基金经理帮忙打理，既省心又省力。

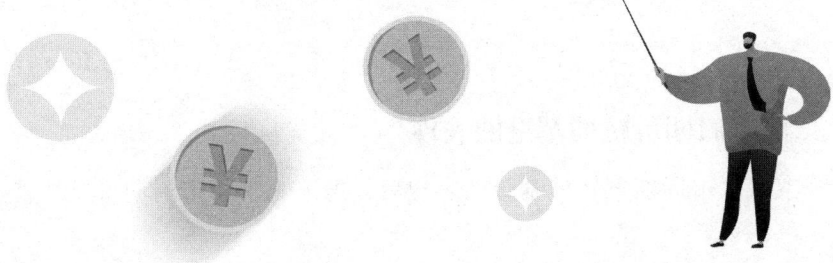

揭开神秘面纱，认识可转债基金

可转债基金，顾名思义就是以可转债为主要投资标的的基金，同时股票、固定收益产品等也可以作为可转债基金的投资标的。通过投资可转债基金，投资者可以间接参与可转债投资。那么，可转债基金有什么独特之处呢？我们以可转债指数、中证800指数和兴全可转债基金为研究对象，来找出可转债基金的特点。

1. 牛市周期可转债基金的表现

通过观察2015年的牛市周期发现，可转债指数的年化收益率是最高的，其次是中证800指数，而兴全可转债基金的收益率最低。可转债由于不设置涨跌幅限制，因此在牛市周期往往可以获得超额收益。

通过观察2019年的牛市周期可以发现，中证800的年度收益率是最高的，其次是可转债指数，而兴全可转债基金的收益率最低。由此可见，并非在所有牛市周期内，可转债指数都会超过中证800指数。

再来比较年化波动率，2015年和2019年可转债指数的年化波动率都是最高的，而兴全可转债基金的波动率最低，这就显现出可转债基金可以灵活调仓的优势。兴全可转债基金表现出色源于2019年它提高了股票仓位，降低了可转债仓位。

2. 熊市周期可转债基金的表现

观察了牛市周期可转债基金的表现后，再来观察熊市周期可转债基金的表现。

通过观察 2016 年的熊市周期发现，可转债指数和中证 800 指数的收益率都为负值，其中可转债指数比中证 800 指数的收益率稍高，最大回撤率可转债指数要低于中证 800 指数。在 2016 年的熊市周期中，兴全可转债基金的收益率为 0.93%，最大回撤率为 7.95%，表现最为出色。由此可见，虽然熊市周期中可转债跌幅加大，但是可转债基金却未必大跌，因为它可以通过灵活配置其他资产来控制回撤幅度。

通过观察 2018 年的熊市周期发现，兴全可转债基金的收益率为 –5.79%，最大回撤率为 13.08%，表现最佳。而可转债指数的年化收益率比中证 800 指数稍低，最大回撤率比中证 800 稍高。由此可见，在熊市周期，可转债并不会大跌，假如能灵活调仓，表现是不错的。

问答小课堂

还是不明白投资可转债和投资可转债基金的区别是什么，能总结一下吗？

总而言之，在牛市周期，可转债基金不如股票与可转债收益高；在熊市周期，可转债基金的抗风险能力要强于股票和可转债。

可转债基金的优势

虽然可转债是一种不错的投资工具,但是市场上的可转债过多,涉及的条款和公告也很多,普通人既没有每日盯盘的精力,也缺乏掌控全局的实力。而基金经理则不然,他们有充足的时间每日盯盘,也有大量调研人员提供各种信息支持,同时专业能力过硬。因此,普通人不妨投资可转债基金,把复杂的投资交给专业的人。投资可转债基金有以下四点优势。

1. 分散风险,攻守兼备

由于可转债基金同时投资不同的可转债标的,因此可以起到分散风险的作用,不容易爆雷。即使不幸出现某个可转债大跌的现象,也不至于影响基金的整体收益。许多可转债基金大部分仓位投资于可转债,小部分仓位投资于稳健的价值股,具有攻守兼备的特点。当牛市来临时,可转债基金的收益也很高;当熊市来临时,可转债基金的防守性较好。

2. 省心省力,避开短板

可转债与正股的走势高度相关,其潜在收益主要来源于正股股价的上涨,因此对股票的研究十分重要。可是,如今可转债的数量已经多达几百只,普通投资者不可能有精力每只都去深入研究。而如果投资可转债基金,无须自己盯盘操作,也无须费心费力选择投资标的,只需要把专业的事交给专业的人,就可以避开我们的短板。基金公司设有股票研究部门,他们以团队的形式研究投资标的,专业背景比普通投资者强得多,自然能获得更优秀的成绩。

3. 较少资金即可参与

投资单只可转债，由于单次交易最小单位是1手或10张，因此每次投入资金至少在1000元；而投资可转债基金则不然，它跟其他基金产品相同，单次投入资金可以很小。如果投资者资金较少，是无法分散投资于可转债的，毕竟选10～20只可转债的起始资金就要1万～2万元，且系统性下跌时没有资金继续加仓；而投资可转债基金没有这方面的限制，可以每次下跌都加仓，越跌越买，只要操作得当，不会轻易出现没有资金加仓的悲剧。

4. 使用杠杆，增加收益

如普通债券基金一样，可转债基金也可以把债券进行抵押融资，即通过融资的形式使用杠杆，放大投资的规模效益。正是由于可转债基金使用了杠杆，因此，投资可转债基金的参与资金相比实际资金要高。

问答小课堂

可转债基金更适合小资金参与吗？如果大资金想参与可转债基金投资可以吗？

可转债基金适合小资金参与，并不是说只有小资金适合投资可转债基金，而是说可转债基金的投资，无论资金大小都可以参与，对资金量没有限制。对于资金量比较大的投资者，投资可转债基金一样是一个不错的选择，它的诸多优势决定了它能稳定获得一定的收益。

可转债基金的投资风险

可转债基金的表现跟可转债市场的整体走势关系紧密：当可转债整体市场行情较好时，可转债基金的表现也很不错；反之，当可转债整体市场行情较差时，可转债基金的表现也很差。以下五个方面是投资可转债基金必须要面对的风险，投资者要有一定的心理准备。

1. 运营管理风险

可转债基金跟其他基金一样，也存在运营管理风险，因为是基金公司的基金经理来负责可转债基金的运营管理，假如因基金经理个人原因导致不得不中途更换基金经理，或者基金公司内部管理出现问题导致基金经理改变了投资风格，都会影响可转债基金的表现。

另外，许多可转债基金带有浓重的基金经理个人的投资风格。如果基金经理判断失误或操作不当，就会给可转债基金带来损失，甚至给可转债基金带来灾难性损失。比如，有的基金经理没有关注可转债的强赎公告，导致持有的可转债被强赎，从而给可转债基金造成巨大的亏损，即运营管理不当造成的损失。

2. 加大杠杆风险

上文说过，可转债基金可以加杠杆。这是一把双刃剑，既是可转债基金的优势，又是可转债基金的风险。因为可转债基金可以加杠杆，所以那些激进型的可转债基金涨起来比偏股型基金更猛烈，可是跌起来也更猛烈。尤其是在牛市后期，可转债基金因为加了杠杆，所以回撤幅度并不小。

3. 股市波动风险

在可转债基金中,配置的股票资产并不低,所以股市波动风险会对可转债基金的走势产生很大的影响。一旦正股走势很弱,可转债基金也会转而向下,净值一再走低,这就是股市波动带来的风险。

4. 规模膨胀导致业绩下滑风险

自 2020 年以来,可转债基金有一个奇怪的现象:当基金的业绩越来越好时,原先表现出色的可转债基金很可能无法继续保持原先可转债的投资结构,从而出现业绩下滑。这并非基金经理能力不济,而是客观因素导致的。比如,自 2020 年以来,金融类、公共事业类、能源类的可转债表现很出色,投资此类可转债的基金表现也相对出色,但是,随着基金业绩不断向好,原先的投资结构被打破,业绩开始下滑。

5. 可转债违约风险

可转债基金的大部分仓位是可转债,而可转债的本质是一种债券,因此具有违约风险。虽然目前历史上还没有一只可转债出现违约,不过并不代表未来永远不出现违约风险。发行可转债的上市公司存在经营问题时,必然导致股价大幅回落,从而使公司丧失到期偿债的能力。

不过,可转债基金已经分散投资了不同的标的,因此个别可转债的违约不会构成太大的风险,只要不出现大规模违约现象,可转债基金还是比较安全的。而且许多可转债基金在筛选投资标的时已经充分考虑到了违约风险,因此会配置那些信用评级比较高的可转债,违约风险相对也会低很多。

问答小课堂

假如基金经理拿我们的钱重仓买入个别可转债,以拉升可转债的价格,然后他将个人持有的可转债逢高卖出,让我们接盘怎么办呢?

你的想象力还是比较丰富的嘛!这是一种违法行为。可转债基金有其持仓规则,也有其监管机构,想要瞒天过海谈何容易。当然,如果你还是不太放心,可以选择一些比较好的基金公司,同时选择一些信誉度比较高的基金经理。

投资方法很重要,可转债基金怎样买收益更大

可转债基金固然是一种不错的投资选择,不过并不代表可以什么都不去了解,稀里糊涂地投资。实际上,在投资可转债基金时,掌握一定的方法很重要:方法得当才能获得可观的收益,甚至获得超额收益;而如果方法不当,则很可能给自己带来损失。下面介绍怎样投资可转债基金才能获得更大收益。

1. 选择优质的投资标的

随着可转债的发行量逐渐增多,可转债基金的发行数量和规模都有了很大的提升,现如今市场上的可转债基金品种非常多,各基金的具体持仓和投资风格各不相同。因此,投资者要具备筛选的能力,认真研究每一只可转债基金的各项指标,根据指标来确定适合自己的可转债基金。

比如可以看基金的发行机构,尽量选择实力比较强的基金公司。除了要研究基金公司外,还要认真分析具体负责的基金经理,查询该基金经理过往的成绩,以及是否获得过什么奖项。基金的评级也是一个重要的参考指标,比如五星级的基金最好,其次是四星级的基金,三星级的基金比四星级的基金又低了一个等级。

在分析具体的基金时,可以分析它的历史业绩,比如运用历史累计收益、最大回撤率、夏普比率等指标来分析。

2. 定投可转债基金

普通投资者无法准确把控投资时点,往往抱着抄底的心态重仓买入,结果却买在了半山腰。如果采用基金定投的方法投资可转债基金,就可以不惧市场

行情波动。选择可转债基金时,最好选择波动比较大的,因为波动比较大的基金更适合定投,更能摊薄成本;而波动比较小的基金则不适合基金定投,因为摊薄成本的效果较差。

3. 根据自身的风险承受能力控制仓位

虽然可转债基金属于债券基金,但是它跟股票的关联性比较强,有时甚至波动性比股票还大。投资可转债基金,投资者最好根据自身的风险承受能力控制仓位。风险承受能力强的激进型投资者可以重仓配置;风险承受能力比较弱的平衡型投资者可以少量配置;风险承受能力很弱的保守型投资者要慎重配置。

4. 把握重仓买入时机

买入可转债基金有两个比较好的时机:一个是当可转债基金的净值明显处在历史性底部时,另一个是当可转债即将进入牛市周期时。假如能抓住这两个投资时机,就能获得超预期的收益。

当可转债基金净值明显处在历史性底部区域时,对标的可转债价格也会比较便宜,一旦可转债整体行情回暖,那么可转债基金也能获得很好的投资回报。由于可转债有转换成股票的权利,因此,牛市启动也会促使可转债的价格拉升,从而使得进入牛市周期前重仓买入的投资者获得超额收益。

问答小课堂

我注意到文中推荐了两种买入方法:一种是定投买入,另一种是重仓一次性买入。二者相互矛盾吗?

二者并不矛盾。定投买入适合行情不明朗时操作,比较适合选择波动起伏较大的可转债基金;重仓一次性买入适合在底部区间时操作,比较适合系统性大跌之后加仓布局。

实战案例

兴全可转债基金分析

兴全可转债混合基金，基金代码为340001，成立日为2004年5月11日。截至2021年3月31日，兴全可转债混合基金的规模为35.14亿元，基金经理为虞淼，基金评级为一星级。这只基金的申购起点是100元，定投起点是10元，买入确认日为T+1日，卖出确认日为T+1日。管理费率为每年1.3%，托管费率为每年0.25%。管理费、托管费、销售服务费从基金资产中每日计提。每个交易日公告的基金净值已扣除管理费和托管费，投资者不需要在每笔交易中另行支付。以天天基金网为例，小于1000万元的申购费率为0.1%，大于等于1000万元的申购费为每笔1000元。

兴全可转债混合基金的投资理念：利用可转债的债券特性来规避个股风险和系统性风险，通过投资组合的形式实现安全和稳定的收益，同时利用可转债看涨期权的属性提高基金的收益率。

同时，兴全可转债混合基金还会投资一部分价值被低估的股票，做到既把握股市结构性调整的机会，又便于实现在股票与可转债之间进行低风险套利，从而提升基金的收益率。

兴全可转债混合基金2021年一季度的前十大持仓股票如图8-1所示。其中，保利地产为第一大持仓股，持股比例为2.63%；航天电器为第二大持仓股，持股比例为2.10%；兴业银行为第三大持仓股，持股比例为1.78%。前十大持仓股占基金净值的比例总计为16.25%。

兴全可转债混合基金2021年一季度的前十大持仓债券如图8-2所示。其中，南航转债排名第一,占净值比例为3.73%;紫金转债排名第二,占净值比例为3.33%;中天转债排名第三,占净值比例为3.32%。持仓前十名的债券总计占净值比例的26.52%。

兴全可转债混合基金的投资范围是具有良好流动性的金融工具,包括国内依法公开发行上市的可转债、股票、国债,以及法律法规允许基金投资的其他金融工具。

序号	股票代码	股票名称	最新价	涨跌幅	占净值比例	持股数(万股)	持仓市值(万元)
1	600048	保利地产	13.42	0.22%	2.63%	649.80	9,246.64
2	002025	航天电器	50.19	1.19%	2.10%	156.67	7,372.70
3	601166	兴业银行	22.39	1.31%	1.78%	260.19	6,267.98
4	601318	中国平安	70.85	0.24%	1.76%	78.53	6,180.31
5	600690	海尔智家	29.54	-0.24%	1.72%	194.28	6,057.68
6	002415	海康威视	61.12	1.19%	1.61%	100.95	5,642.88
7	002444	巨星科技	32.99	-1.35%	1.53%	153.66	5,393.43
8	000001	平安银行	24.54	3.24%	1.12%	179.51	3,951.46
9	600426	华鲁恒升	32.12	-2.13%	1.06%	99.15	3,723.24
10	600031	三一重工	30.35	-1.62%	0.94%	96.99	3,312.15

图8-1 兴全可转债混合基金2021年一季度前十大持仓股票详情

序号	债券代码	债券名称	占净值比例	持仓市值(万元)
1	110075	南航转债	3.73%	13,114.75
2	113041	紫金转债	3.33%	11,698.65
3	110051	中天转债	3.32%	11,672.76
4	132018	G三峡EB1	2.78%	9,771.41
5	113014	林洋转债	2.63%	9,231.98
6	110059	浦发转债	2.44%	8,566.93
7	128109	楚江转债	2.36%	8,296.45
8	110053	苏银转债	2.09%	7,345.80
9	110065	淮矿转债	1.95%	6,854.87
10	110072	广汇转债	1.89%	6,650.34

图8-2 兴全可转债混合基金2021年一季度前十大持仓债券详情

兴全可转债混合基金的投资策略：积极参与发行条款优惠、期权价值较高、公司基本面优良的可转债的一级市场申购；投资的可转债要求对应的发债公司发展潜力要好，或者基础股票上涨预期较高，从而做到规避市场风险，充分分享股市上涨的收益；筛选出行业发展前景好、价值被投资者低估的股票来投资。

兴全可转债混合基金的投资风险水平与普通债券比较接近，比股票和股票基金的风险要低。不过，该基金的收益率与股票接近，比国债、金融债和企业债的收益率要高。

第 9 章

不做接盘侠，避开可转债的那些陷阱

> 投资可转债有很多陷阱，如果不注意研究就难以在投资的过程中避开这些陷阱，以致造成比较大的资金损失。许多投资者之所以成了接盘侠，就是因为没注意规避这些陷阱。

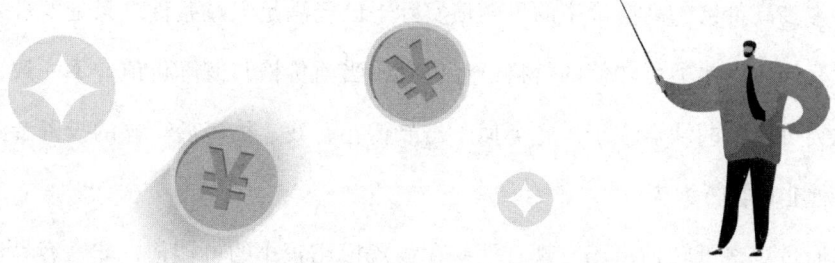

不做高溢价率的接盘侠

许多投资可转债的新手由于不知道高溢价率潜藏的巨大风险，很可能会追涨高溢价率的可转债，甚至一些长期进行可转债投资的人也热衷于购买高溢价率的可转债，认为这类可转债的价格很可能会继续拉升。其实，这是对可转债的溢价率缺乏正确的认识。下面从两个方面来说一下投资高溢价率的可转债存在的风险。

1. 高溢价率的可转债下跌空间很大

当可转债的溢价率在 20% 以内，属于可接受的范围；而一旦溢价率达到 50%，甚至 100% 以上，则要面临巨大的风险。因为高溢价率意味着此时正股价比转股价低很多，甚至等到可转债到期正股价都低于转股价。此类可转债的溢价率一旦回归正常区域，正股又持续不涨，则可转债向下跌的空间是很大的。

所以，如果想在投资可转债时不踩坑，就不要购买转股价值在 130 元以上且溢价很高的可转债，因为此类可转债被强赎的风险非常大，此时无论是否转股，都会导致亏损。

2. 高溢价率的可转债很可能是击鼓传花

许多高价格、高溢价率的可转债实际上已经满足强赎条件，只是发行方暂时没有强赎。此类可转债的价格已经失真，当前价格与实际价值并不一致，买入此类可转债的缺点在于，它类似于击鼓传花游戏，接最后一棒的投资者必然为这种非理智行为买单。

通过观察可转债市场发现，那些存续规模比较小的可转债，非常容易被游资[1]炒作,价格和转股溢价率因炒作而变得非常高。买此类可转债的投资者承担着极大的风险,一旦泡沫破灭,必然损失惨重。比如泰晶科技在2020年5月6日突然发布公告,公司股票在2020年3月30日至2020年5月6日,连续30个交易日中至少有15个交易日收盘价格不低于当期转股价格的130%,已经触发泰晶转债的赎回条款,公司决定将对泰晶转债进行强赎,赎回全部于赎回登记日登记在册的泰晶转债。受这一消息的影响,泰晶转债于2020年5月1日开盘暴跌30%,因触发熔断机制被停牌。

泰晶转债的投资者面临两种选择:其一,等待公司强赎,赎回价是可转债面值加当期利息,相比泰晶转债364.94元的收盘价直接亏损73%;其二,把泰晶转债转成股票,这样亏损63%。

值得注意的是,其实早在2020年3月底,泰晶科技就已经发布公告,公告表示泰晶转债已经触发赎回条款,但不会提前赎回泰晶转债。不过,泰晶科技同时表示,假如泰晶转债的流通面值总额低于3000万元,那么泰晶转债就要停止交易,公司有权按照债券面值加当期利息的价格赎回泰晶转债。有经验的投资者此时就会注意到持有泰晶转债的风险,考虑择时离场。

问答小课堂

在可转债市场活跃时,有些可转债的涨幅巨大,而对应的正股却没有涨多少,甚至还微跌,此时投资者需要注意什么呢?

---

[1] 游资:指投机性短期资金,只为追求高回报而在市场上迅速流动。

可转债市场活跃时，有些可转债受炒作影响，单日涨幅有时会脱离其实际价值，表现为正股的波动幅度远不及对应可转债的波动幅度。此时，投资者要观察其转股溢价率，如果转股溢价率非常高，就要慎重参与，知晓其中的风险。

痴迷于波段交易

许多喜欢短线或超短线交易的投资者缺乏耐心，把可转债当作 T+0 的股票进行交易，每日研究盘面技术，死死盯住可转债的日内走势，研究可转债的分时图。此类可转债投资者比普通投资者更激进，动不动就重仓买入，且有着高频交易的特点。下面说一下痴迷于波段交易的投资者面临的风险。

1. 波段交易的成本较高

相比股票，虽然可转债的交易费用很低，但是频繁交易，其费用不容小觑。尤其是那些资金量很大的交易者，长期来算也是一笔不小的费用。投资者可以参考以往的交易胜率决定是否参与波段交易，如果以往的交易胜率并不高，那么不妨改掉频繁交易的习惯，否则就是在给券商送交易手续费。既然频繁交易的手续费比长期持有高，倒不如选择好投资标的后长期持有。

2. 波段交易的波动幅度较大

痴迷于波段交易的投资者，选择可转债时往往不屑选择那些波动幅度较小的可转债，而是选择高价格、高溢价率的可转债，因为这类可转债的波动幅度较大。动辄 10% 甚至 50% 的单日收益率令投资者热血沸腾，不惜拿出 80% 甚至 100% 的资金来博短线。单日收益几千元甚至几万元固然可喜，可是也容易令人产生错觉，认为这都是自己的能力。所谓"常在河边走，哪有不湿鞋"，频繁交易的收益率未必比长期持有高，甚至更容易导致亏损，最后投资者靠幸运赚的钱也会因实力不足而亏掉。

3. 波段交易对技术要求较高

可转债单日涨跌不定，往往瞬息万变。比如在某一个时间段内，投资者认为可转债的价格将上涨，于是就重仓买入该可转债，希望等它上涨到一定价格后，把持有的可转债全部卖出，以从中获得收益。可是，低买高卖谈何容易，不懂技术的投资者只能凭感觉来交易，这样或许偶有盈利，但这种盈利方式不可持续，长此以往亏损的可能性会更大。因此，投资者一定要研究可转债的技术指标，拥有丰富的短线操盘经验，并且具备快速的应对能力，这样才不会因为技术水平差而错过瞬时买入或卖出的机会。

既然波段交易对技术要求较高，那么不具备技术分析基础的普通投资者就要慎重进行波段交易，否则成功率就会很低。而痴迷于波段交易的投资者大多不具备技术分析能力，往往更加贪婪和恐惧，更热衷于追涨杀跌，亏损的概率也就更大。

问答小课堂

我听说可转债T+0的交易规则有助于增加交易频次和提升资金的使用效率，因为可以多次交易。比如，如果拿1万元买入股票，单日最多买入1万元；而如果买入可转债，则可以频繁买入并卖出1万元，提升了资金的使用效率。真的是这样吗？

对，T+0交易规则的确增加了可转债的交易频次，提升了资金的使用效率，但是增加交易频次未必是好事，资金使用效率的提升也未必能给投资者带来收益，相反会导致不成熟的投资者追涨杀跌，最后亏损更多。

小心误入无转股权限的可转债

不少投资者不知道可转债还有创业板可转债和科创板可转债,更不懂这两类可转债与其他可转债的区别,误入创业板和科创板可转债,结果给自己的投资带来损失。下面分别介绍创业板可转债和科创板可转债的特点。

1. 创业板可转债

没有开通创业板交易权限的普通投资者,虽然可以参与创业板可转债的买卖,但是不能将创业板可转债进行转股操作。如果投资者不懂这一规则,很可能因此而蒙受损失。

而要开通创业板交易权限,依据《深圳证券交易所创业板投资者适当性管理实施办法(2020年修订)》的规定,从2020年4月28日起,个人投资者首次开通创业板权限需要满足以下条件:

(1)申请权限开通前20个交易日证券账户及资金账户内的资产日均不低于人民币10万元(不包括该投资者通过融资融券融入的资金和证券);

(2)参与证券交易24个月以上。

只要符合以上条件,就可以申请开通创业板交易权限。这里要特别提醒:申请权限开通前的20个交易日而非自然日,许多人容易误以为是自然日;证券账户及资金账户内的资产日均不低于人民币10万元,指的是股票市值和资金,许多人误以为这里特指股票资产,必须持仓股票才可以,其实并非如此;24个月交易经验并非特指必须交易,不能空仓,其实只要开户够 24 个月就行了。

实施注册制后,创业板股票竞价交易设置较宽的涨跌幅限制,首次公开发行上市的股票,上市后的前 5 个交易日不设涨跌幅限制,其后涨跌幅限制为 20%,因此投资者应当关注可能产生的股价波动对创业板可转债的影响。为了保护投资者,2020 年 5 月 18 日起将创业板业务风险等级归于中风险。所以开通创业板交易权限必须是积极型,积极型以下的等级不可以开通。

另外,即使开通了创业板交易权限,进行转股操作时也要遵循普通可转债的转股规则,即要等到转股期内才可以转股。

2. 科创板可转债

依据上交所 2020 年 12 月 4 日发布的《关于科创板上市公司向不特定对象发行的可转换公司债券转股环节投资者适当性管理相关事项的通知》规定,如果投资者要参与上交所科创板可转债转股,需符合科创板投资者适当性管理要求,并开通科创板交易权限。如果投资者不符合科创板投资者适当性管理要求,则不能把持有的科创板可转债转换为股票。如图 9-1 所示的嘉元转债,为第一只科创板可转债。

图 9-1 第一只科创板可转债

而开通科创板交易权限需要满足以下几个条件:

(1)申请权限开通前近 20 个交易日证券账户及资金账户内的资产日均不低于 50 万元(不包括通过融资融券融入的资金和证券);

（2）参与证券交易 24 个月以上；

（3）风险评测等级达到 C4 或以上；

（4）知识评测达到 80 分。

开通科创板交易权限对年龄上限没有要求，不过因为科创板风险很高，而年龄较大的投资者一般风险承受能力较低，所以通常不满足风险评测等级 C4 或以上的要求，建议谨慎参与。

问答小课堂

如果在证券账户里面存 10 万元，放 20 个交易日，这样可以开通创业板交易权限吗？

要开通创业板交易权限，不能只满足文中所说的其中一个条件，必须几个条件同时满足，只是将 10 万元放证券账户 20 个交易日还不够，还需要开通证券账户超过 24 个月，如此才可以开通创业板交易权限。

价格越低，风险就越低吗

可转债市场有很多价格低于面值的可转债，甚至自上市之日起的大多数时间内，其价格都处于面值以下。对于此类可转债，不同投资者有不同的认知：有的投资者觉得发行此类可转债的公司或多或少都存在一些问题，持有此类可转债违约风险太高；有的投资者觉得此类可转债继续下跌的可能性很小，反而更安全。那么，可转债真的是价格越低风险就越低吗？下面介绍一下价格低的可转债有哪些特点。

1. 价格低的可转债更容易受到新手追捧

许多新手投资者认为可转债的价格拉升至130元只是时间问题，认为八九十元的价格买入可转债绝对不会亏损。因此，他们坚定地认为可转债最差不过是到期还钱，只亏时间，不亏金钱。于是，他们敢买入价格低的可转债，甚至敢重仓买入并长期持有。可是由于发行此类可转债的上市公司要么偿债压力大，要么经营风险高，要么存在一些其他问题，因此可转债的价格才长期处在低位。当其他可转债的价格拉升时，此类可转债的价格波动并不大，甚至转而下行。这对信心不坚定的新手投资者是极大的折磨，非常考验他们的定力，常常把他们变成频繁交易并斩仓的杀跌者。

价格低的转债的亏损概率并不大，事实果真如此吗？从可转债的往期表现来看，事实的确如此，大多数可转债都能达到面值以上，只有个别可转债表现不佳，最终以还本付息告终。相信新手投资者正是因为可转债的这一历史表现才对价格低的可转债情有独钟。可是，往期表现不代表未来走势，不能根据可转债的历史表现就片面地认为可转债的价格越低风险就越低，价格低的可转债也许存在违约风险，风险并不低。因此，"可转债再差也会还钱"一说不足信，投资者应该对可转债市场心存敬畏，对投资低价可转债存在的风险有一定的认识。

2. 价格低的可转债更接近债性

可转债具有债券的属性，因此其价格不至于下跌太多。当可转债的价格下跌到一定区间时，其债券属性使可转债的价格趋于稳定，而转股溢价率变得越来越高。对于此类可转债，投资者要从纯债价值的角度来分析其投资价值。

在可转债进入熊市周期时，许多可转债的价格会跌至八九十元，这时市场上会出现一大批溢价率为负值的可转债，这似乎是不错的投资机会。不过，认真分析这些可转债就会发现，其溢价率低往往有一定的原因，比如上市公司业绩大幅亏损，投资者对其履约能力十分担忧，于是纷纷抛售其债券。此时的投资者已经不顾到期收益率有多高，也不顾其看涨期权，只要不损失全部本金就已经知足。

所以，投资价格低的可转债也有一定的风险，投资者一定要全面考虑。

问答小课堂

价格低于100元的可转债，是不是其对应正股的股价越低，未来上涨的概率就越大，即风险越低？

不能这样理解，别忘了正股存在退市风险，事实上，股价越低，退市风险越大。投资者在选择价格低于 100 元的可转债时，不要盲目选择正股价格较低的可转债，而要选择合适的可转债长期持有，这样未来股价上涨时才能带动可转债价格上涨。

买与正股涨停对应的可转债风险很大

买卖正股受到涨停和跌停的限制,涨跌幅度有限,且正股涨跌停时往往无法买入,而可转债却可以买入,所以当正股拉升至涨停时,可转债的价格很可能也随之拉升,所以许多投资者看到正股涨停就慌忙买入可转债,希望从中获得正股涨停给可转债带来的助推力。事实上,正股涨停并不意味着可转债的价格一定上涨,其走势有以下两种情况。

1. 正股涨停,可转债跟涨

许多可转债对应的正股涨停时,可转债也跟着上涨,此时存在套利机会。因此,不少投资者看到正股涨停,而可转债滞涨,就立即重仓买入可转债,期待重仓持有的可转债能像正股一样表现优异,结果可转债果然跟涨。于是,投资者开始追所有正股涨停的可转债,不顾其溢价率高低,结果损失惨重。

虽然正股涨停,可转债很可能跟涨,但是买入此类可转债一定要观察其溢价率的高低。假如可转债的转股溢价率已经很高,比如高于30%,那么就不建议投资者追高了,因为溢价率回撤会导致过高的溢价率变低,增加追高的风险。而假如可转债的转股溢价率在10%~30%,则可以观察正股的质地、涨停的原因、可转债的评级等因素,如果综合考量后发现存在套利机会,则可以小资金参与套利,通过买入可转债享受正股上涨带来的可转债价格拉升。

2. 正股涨停,可转债不涨反跌

当正股股价涨停时,投资者由于无法直接买入正股,于是买入对应的可转债,以间接持有正股。或者买入可转债后当日进行转股操作,以迂回方式持有正股。这两种方式的套利逻辑都有一个前提条件,即正股次日股价继续涨停或大幅上涨。此时,投资者需要关注次日正股股价继续上涨的持续性与可能性。

有的正股一字板涨停后,可转债的价格瞬间迅速拉升,可是正股涨停缺乏逻辑,高开低走闷杀投资者,结果可转债拉到高价后也是同样的走势,高开低走闷杀高价追涨的可转债投资者,导致投资者高位站岗,损失惨重。

还有一些可转债,其对应正股虽然涨停,但是可转债的价格当日即出现不涨反跌的奇怪现象,参与套利的投资者一头雾水地买进可转债,非但没有获得正股上涨带来的收益,反而因可转债下跌而损失惨重。这是因为市场不认可正股莫名其妙地涨停,认为其涨停不可持续,因此不愿买入可转债。

问答小课堂

原来并不是所有的可转债都会随着正股涨停而上涨,还存在正股涨停,可转债不涨反跌的奇怪现象。那么投资者怎么判断该不该买入呢?

在正股涨停的当日,投资者可以深入分析正股涨停的原因,比如正股是否为行业龙头,放出的利好消息是否真实,涨停是否可持续。假如投资者觉得该股票在下一个交易日依然会大概率涨停,那么就可以考虑买入可转债,否则就不要随便买入。在资本市场中,股票和可转债是两个相对独立的交易市场,经常出现脱节现象,正股涨跌与可转债涨跌并不存在必然的联系,很多时候要综合分析各方面因素才能决定是否买入可转债。

实战案例

亚药转债，收益率这么高能不能买

许多初入可转债市场的投资者都会发现，亚药转债的价格经常是最低的，因此许多人就会想：既然亚药转债价格这么低，那现在重仓买入，等到价格达到130元时卖出，这收益率岂不是非常高？理论上的确如此，但是这一设想有一个前置条件，即亚药转债最终能实现强赎，价格能冲高到130元。

通过精确计算亚药转债的利率发现，它前5年的利率总和为：0.3%（第一年利率）+0.5%（第二年利率）+1.0%（第三年利率）+1.5%（第四年利率）+1.8%（第五年利率）=5.1%。

而亚药转债的利率补偿规定是："在本次发行的可转债期满后5个交易日内，公司将以本次可转债票面面值的115%（含最后一期利息）的价格向投资者赎回全部未转股的可转债。"其到期价值为100×（5.1%+115%）=120.1元，即以100元的价格买入亚药转债，持有6年到期，总共能拿到120.1元。这个收益率比其他可转债的收益率高了不少，如果只依据收益率来判断是否值得投资，那它无疑是非常好的投资标的。

可是，问题的关键在于亚药转债未必能做到到期还款。亚药转债的到期收益率长期徘徊在10%左右，如果能保证到期还款，这个收益率相当可观，投资者自然愿意购买亚药转债。而现在亚药转债的最新债券评级为BBB级，正股持续下跌，公司连年亏损，因此许多投资者都在担心亚药转债能否做到到期还款。

通过观察图9-2发现，亚药转债的转股价值只有24.55元，转股溢价率高达222.01%，后市能否回升不可知。

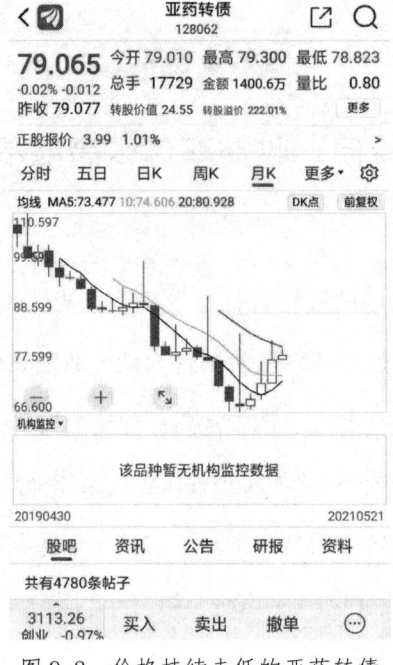

图 9-2 价格持续走低的亚药转债

在亚药转债存续期内,假如任意连续 30 个交易日中至少有 15 个交易日的收盘价低于当期转股价格的 85%,公司董事会就有权提出向下修正转股价格的议案。一旦议案获得出席会议股东所持表决权的三分之二以上通过,就会向下修正转股价格。而修正后的转股价格不能低于股东大会召开日前 20 个交易日公司股票交易均价和前一个交易日均价之间的较高者。

亚药转债的上市日期是 2019 年 4 月 24 日,开始转股日期是 2019 年 10 月 9 日,虽然在转股期内,可是懂得可转债基础知识的人都知道当前是不能转股的,否则将直接面临巨额亏损。那么亚药转债能否回售呢?

回售条款约定,亚药转债在最后两个计息年度内,假如公司股票在任何连续 30 个交易日的收盘价格低于当期转股价的 70%,投资人就有权把手中的可转债全部或部分回售给公司,回售价格是面值加上当期应计利息。目前已经满足证的次数合并计算。

第三章 业务流程

第十五条 T日，申购可转债的投资者，以及参与可转债优先配售的原股东，可以通过其指定交易的证券公司在申购时间内进行申购委托。

本所于T日确定网上投资者的有效申购数量，盘后向证券公司发送配号结果数据，各证券公司营业部应于T日向投资者发布配号结果。

第十六条 T日投资者有效申购数量与网上、网下配售额确定后，按照以下原则配售可转债：

（一）当网上申购总量等于网上发行总量时，按投资者的实际申购量配售；

（二）当网上申购总量小于网上发行总量时，按投资者的实际申购量配售后，余额部分按照可转债募集说明书与发行方案确定的方式处理；

（三）当网上申购总量大于网上发行总量时，按投资者摇号中签结果确定配售数量。

第十七条 T+1日，发行人与主承销商公布申购中签率，并在网上有效申购总量大于网上发行总量时，在公证部门监督下根据总配号量和中签率组织摇号抽签，每个中签号可以申购1手可转债。

本所将于T+1日盘后向证券公司发送中签结果数据，各证券公司营业部应于T+1日向投资者通知中签结果。

第十八条 T+2日，发行人与主承销商公布中签结果，投资者应根据中签结果准备认购资金。T+2日日终，中签的投资者应确保其资金账户有足额的认购资金，不足部分视为放弃认购。

第十九条 T+3日，网上申购投资者完成申购交收。

第二十条　发行人与主承销商于T+4日向市场公布发行结果。

T+4日8:30后，主承销商可依据承销协议将可转债认购资金扣除承销费用后划转到发行人指定的银行账户。

第二十一条　对于主承销商根据发行方案采取余额包销的可转债，网上发行结束后，主承销商自行与发行人完成相关资金的划付，并由发行人根据中国结算上海分公司的规定提交可转债登记申请。

第二十二条　可转债中止发行的资金退回和证券注销，按照中国结算上海分公司的业务规则办理。

第二十三条　可转债发行结束后，发行人及主承销商应在2个交易日内向中国结算上海分公司申请办理可转债登记，登记业务办理完成后2个交易日内向本所申请可转债上市。

第四章　网上发行与网下发行的衔接

第二十四条　机构投资者可以参与主承销商自行组织的网下申购，具体条件、程序应在可转债募集说明书与发行方案中确定并披露。

对于网下投资者，承销商可向网下单一申购账户收取不超过50万元的申购保证金，并在发行方案中明确网下投资者违约时申购保证金的处理方式。

可转债网下申购由发行人与主承销商自行组织，网下申购日应不晚于T日。

可交换债网下申购首日与网上申购日相同，为发行方案确定的T日，网下发行天数由募集说明书具体规定。

第二十五条　可转债发行人和主承销商可以根据网上、网下实际申购情况，按照网上发行中签率和网下配售比例趋于一致的原则确定最终的网上和网下发行数量。

可交换债发行人和主承销商可以根据网上、网下实际申购情况,按照募集说明书约定的方式确定最终的网上和网下发行数量。

发行人和主承销商应在 T 日盘后,将网上发行与网下发行的可转债数量通知本所。

第五章 附则

第二十六条 投资者应根据中国结算相关规定管理其证券账户。

因使用多个证券账户申购同一只可转债,以同一证券账户多次申购同一只可转债,或者因申购量超过申购限额,导致相关申购无效的,由投资者自行承担相关责任。

第二十七条 投资者因违反第十四条规定导致其网上申购无效的,由投资者自行承担相关后果与责任。

第二十八条 证券公司因违反第十一条规定接受投资者全权委托代其进行可转债申购的,由证券公司承担相关责任。

证券公司违反本细则的,本所可按照《上海证券交易所会员管理规则》等规定,采取相应的监管措施或纪律处分。

第二十九条 可转债发行中涉及的登记结算业务按照中国结算上海分公司的相关业务规则办理。

第三十条 本细则由本所负责解释。

第三十一条 本细则自发布之日起施行。本所于 2017 年 9 月 8 日发布的《关于发布〈上海证券交易所上市公司可转换公司债券发行实施细则〉的通知》(上证发〔2017〕54 号)同时废止。本所此前发布的涉及可转债发行的相关规定与本细则不一致的,以本细则为准。

深圳证券交易所可转换公司债券业务实施细则
（2018年12月修订）

第一章　总　则

第一条　为规范可转换公司债券的发行、上市、交易、转股、回售、赎回及兑付等业务，保护投资者和证券发行人的合法权益，根据《证券法》《上市公司证券发行管理办法》《创业板上市公司证券发行管理暂行办法》《证券发行与承销管理办法》等法律、行政法规、部门规章，以及《深圳证券交易所股票上市规则》《深圳证券交易所创业板股票上市规则》《深圳证券交易所交易规则》制定本细则。

第二条　本细则所指可转换公司债券，是指发行人依法发行、在一定期间内依据约定的条件可以转换成股票的公司债券。

第三条　在深圳证券交易所（以下简称"本所"）上市的可转换公司债券，适用本细则。本细则未规定的，参照本所对股票的有关规定办理。

第二章　可转换公司债券的发行

第四条　在获得中国证监会核准后，可转换公司债券的发行人和保荐人可以采取向上市公司股东配售、网下发行、网上发行等方式中的一种或者几种发行可转换公司债券。

采取网下发行方式的，发行相关事宜由主承销商及上市公司自行组织实施，主承销商可向网下单一申购账户收取不超过 50 万元的申购保证金。

采取网上发行方式的，主承销商根据发行规模合理设置单个账户网上申购上限；投资者连续十二个月内累计出现三次中签后未足额缴款的情形时，六个月内不得参与新股、存托凭证、可转换公司债券、可交换公司债券申购。

第五条 发行人和保荐人申请办理可转换公司债券在本所发行事宜时，应当提交下列文件：

（一）中国证监会的核准文件；

（二）经中国证监会审核的全部发行申报材料；

（三）发行的预计时间安排；

（四）发行具体实施方案和发行公告；

（五）募集说明书全文及摘要；

（六）证券简称及证券代码申请书；

（七）本所要求的其他文件。

第六条 发行人为主板、中小企业板上市公司的，应当在发行日前二至五个交易日内，将发行公告和经中国证监会核准的募集说明书摘要刊登在至少一种中国证监会指定的报刊，同时将募集说明书全文刊登在中国证监会指定的互联网网站。

发行人为创业板上市公司的，应当在发行日前二至五个交易日内，将发行提示性公告刊登在至少一种中国证监会指定的报刊，同时将发行公告、经中国证监会核准的募集说明书摘要及全文刊登在中国证监会指定的互联网网站。

第三章 可转换公司债券的上市

第七条 发行完成后,发行人申请可转换公司债券在本所上市,应当符合下列条件:

(一)可转换公司债券的期限为一年以上;

(二)可转换公司债券实际发行额不少于人民币 5000 万元;

(三)申请可转换公司债券上市时仍符合法定的公司债券发行条件。

第八条 发行人向本所申请可转换公司债券上市时,应当提交下列文件:

(一)上市报告书(申请书);

(二)申请可转换公司债券上市的董事会决议;

(三)公司章程;

(四)公司营业执照;

(五)保荐协议和保荐人出具的上市保荐书;

(六)法律意见书;

(七)发行完成后经具有从事证券、期货相关业务资格的会计师事务所出具的验资报告;

(八)中国证券登记结算有限责任公司深圳分公司对可转换公司债券已登记托管的书面确认文件;

(九)可转换公司债券募集办法(募集说明书);

(十)公司关于可转换公司债券的实际发行数额的说明;

(十一)可转换公司债券上市公告书;

(十二)本所要求的其他文件。

第九条 上市申请经本所审核同意的,本所发出上市通知书。发行人应当在收到上市通知书后及时与本所签订可转换公司债券上市协议。

第十条 发行人应当在可转换公司债券上市前五个交易日内，将上市公告书全文刊登在中国证监会指定的互联网网站。

发行人为主板和中小企业板上市公司的，还应当将上市公告书全文同时刊登在至少一种中国证监会指定的报刊。

第十一条 上市公告书应当载明可转换公司债券的基本情况、发行人概况、主要发行条款、担保事项、发行人的资信情况、偿债措施、发行人财务会计资料、上市推荐意见等。

第四章 可转换公司债券的交易

第十二条 可转换公司债券实行当日回转交易。

第十三条 可转换公司债券以人民币100元面额为1张。

通过竞价交易买入可转换公司债券以10张或者其整数倍进行申报。卖出可转换公司债券时，余额不足10张部分，应当一次性申报卖出。

申报价格最小变动单位为人民币0.001元。

第十四条 可转换公司债券单笔交易数量不低于5000张，或者交易金额不低于人民币50万元的，可以采用大宗交易方式。

第十五条 可转换公司债券标的股票停复牌的，可转换公司债券同步停复牌，但因特殊原因可转换公司债券需单独停复牌的除外。

第十六条 可转换公司债券上市交易期间出现下列情况之一的，应当停止交易：

（一）流通面值少于人民币3000万元时，自发行人发布相关公告三个交易日后停止交易；

（二）转股期结束前十个交易日；

（三）赎回期间；

（四）中国证监会和本所认定的其他情况。

第五章　可转换公司债券的转股

第十七条　可转换公司债券自发行结束之日起六个月后，在符合约定条件时，债券持有人方可通过报盘方式申请转换为公司股票。转股期由发行人根据可转换公司债券的存续期限及公司财务状况确定。

第十八条　发行人应当按照约定向可转换公司债券持有人换发股票，但可转换公司债券持有人对转换股票或者不转换股票有选择权。

第十九条　可转换公司债券进入转股期后，投资者当日买入的可转换公司债券当日可申报转股，投资者可于当日交易时间内撤销转股申请。转换后的股票可于转股后的次一交易日上市交易。

第二十条　可转换公司债券在停止交易后、转股期结束前，持有人仍然可以依据约定的条件申请转股。

第二十一条　可转换公司债券转股的最小单位为1股。

第二十二条　债券持有人申请转股的可转换公司债券数额大于其实际拥有的可转换公司债券数额的，按其实际拥有的数额进行转股，申请剩余部分予以取消。

第二十三条　债券持有人申请转股后，所剩债券面额不足转换1股股份的部分，发行人将在该种情况发生后五个交易日内，以现金兑付该部分可转债的票面金额及利息。

第二十四条　发行人应当在可转换公司债券开始转股前三个交易日内披露

实施转股的公告。公告内容应当包括可转换公司债券的基本情况、转股的起止时间、转股的程序、转股价格的历次调整和修正情况等。

第二十五条 可转换公司债券转换为股票的数额累计达到可转换公司债券开始转股前公司已发行股份总额的10%时，发行人应当及时履行信息披露义务。

第二十六条 募集说明书应当规定转股价格调整的原则及方式。发行可转换公司债券后，因配股、增发、送股、派息、分立及其他原因引起发行人公司股份变动的，应当同时调整转股价格。

第二十七条 募集说明书约定转股价格向下修正条款的，应当同时约定：

（一）转股价格向下修正方案应当提交公司股东大会表决，且须经出席会议的股东所持表决权的三分之二以上通过。股东持有公司可转换债券的，应当回避表决。

（二）修正后的转股价格不低于前项规定的股东大会召开日前二十个交易日该公司股票交易均价和前一交易日的均价。

第二十八条 拟进行转股价格向下修正的发行人，应当在转股价格向下修正议案经董事会审议通过后再提交股东大会审议。股东大会审议通过该议案后，发行人应当及时发布转股价格修正公告，公告内容包括修正前的转股价格、修正后的转股价格、修正转股价格履行的审议程序、转股价格修正的起始时间等。

第二十九条 发行人在可转换公司债券转股期结束的二十个交易日前应当至少发布三次提示公告，提醒投资者有关在可转换公司债券转股期结束前十个交易日停止交易的事项。

第六章 可转换公司债券的赎回

第三十条 发行人可按募集说明书约定的条件和价格行使赎回权，也可以不行使赎回权。

第三十一条　在可转换公司债券存续期内募集说明书约定的赎回条件满足时，发行人可以行使赎回权，按约定的价格赎回全部或者部分未转股的可转换公司债券。

第三十二条　发行人拟行使赎回权时，应当将行使赎回权事项提交董事会审议并予以公告，但公司章程或者募集说明书另有约定除外。发行人决定行使赎回权的，应当在满足赎回条件后的五个交易日内至少发布三次赎回公告。赎回公告应当载明赎回的条件、程序、价格、付款方法、起止时间等内容。

第三十三条　发行人刊登公告行使赎回权时，本所在赎回期间停止该债券的交易和转股。

第三十四条　发行人根据停止交易后登记在册的债券数量，于赎回期结束后的五个交易日内将资金划入投资者开设的保证金账户。

第三十五条　自赎回期结束后的七个交易日内，发行人刊登赎回结果公告。赎回结果公告应当包括赎回价格、赎回数量、赎回的债券金额以及赎回对公司财务状况、经营成果及现金流量的影响。

发行人全部赎回的，还应当刊登可转换公司债券的摘牌公告。公告应当包括可转换公司债券基本情况、赎回情况、摘牌的起始时间等。

第三十六条　发行人按一定比例赎回的，未赎回的可转换公司债券，在完成清算、交收手续后恢复交易和转股。

第七章　可转换公司债券的回售

第三十七条　可转换公司债券募集说明书可以约定回售条款，规定债券持有人可按事先约定的条件和价格将所持债券回售给发行人，债券持有人也可以不行使回售权。

第三十八条　募集说明书应当约定，发行人改变公告的募集资金用途的，债券持有人获得一次回售的权利。

第三十九条　在可转换公司债券存续期内募集说明书约定的回售条件满足时，债券持有人可回售部分或者全部未转股的可转换公司债券。

第四十条　发行人应当在募集说明书约定的回售条件满足后的五个交易日内至少发布三次回售公告。回售公告应当载明回售的条件、价格、程序、付款方法、起止时间等内容。

第四十一条　在可转换公司债券的回售期内，债券持有人可通过本所交易系统进行回售申报，回售申报当日可以撤单。在回售期结束后的五个交易日内，发行人将资金划入投资者开设的保证金账户。

第四十二条　自回售期结束后的七个交易日内，发行人刊登回售结果公告。回售结果公告应当包括回售价格、回售数量、回售的债券金额以及回售对公司财务状况、经营成果及现金流量的影响。

第四十三条　如在同一交易日内分别收到可转换债券持有人的交易、转托管、转股、回售等两项或者以上报盘申请的，按以下顺序处理申请：交易、回售、转股、转托管。

第八章　可转换公司债券的本息兑付

第四十四条　发行人应当在可转换公司债券派息前三至五个交易日内刊登付息公告。付息公告应当载明付息方案、付息债权登记日与除息日、付息对象、付息方法等。

第四十五条　发行人应当在可转换公司债券期满前三至五个交易日刊登本息

兑付公告。本息兑付公告内容参照付息公告。

第四十六条　发行人应当自可转换公司债券期满后五个交易日内办理完毕偿还债券余额本息的事项。

第九章　附　则

第四十七条　可转换公司债券清算、交收依照《中国结算深圳分公司公司债券登记结算业务指南》办理。可转换公司债券证券交易经手费按成交金额的0.04‰双边收取。

第四十八条　本细则由本所负责解释。

第四十九条　本细则自发布之日起施行。本所 2017 年 9 月 8 日发布的《深圳证券交易所可转换公司债券业务实施细则》(深证上〔2017〕576 号)同时废止。